時代遅れのルールにしばられない38の教訓

最強の生産性革命

竹中平蔵×ムーギー・キム

PHP

はじめに

日本社会の既得権益構造が一瞬でバレる!!
個人と社会の生産性を一気に高める38の教訓

グローバル炎上師弟がつづる、他では絶対言えない本音対談

「キム君、今度ＰＨＰ研究所で対談本を出すんやけど、出版社側がムーギー・キムさんとご一緒にと言ってるから、一緒にどうや？」

これはある日、私が表参道の家具屋さんでアンティークの椅子を眺めていたとき、突如かかってきた竹中平蔵先生からの電話であった。

え、あの先生と対談本？　いくらなんでも僭越でしょ、竹中先生は本物のグローバルリーダーで、私は冗談でグローバルエリートと言ってるだけなのに……。

しかし、このような光栄なお誘いを、受けないわけにはいかない。二つ返事で「あ

りがとうございます！」と返した私は早速、何をトピックにして、どのような構成の対談にするか、考え出した。

竹中先生の数ある著作や対談本の中でも、ずば抜けて素晴らしいものを出したい。対談本という形式をとってはいるが、私の役割は竹中平蔵氏にこそ聞くべきことをきちんと聞き、その神髄を引き出すことだと考えていた。

そして同時に、「新自由主義」「市場経済原理主義」「弱者切り」などとメディアで批判されがちな竹中平蔵氏に、**「先生のお考えは、もう時代遅れではないのか」「貧富の格差が拡大するのではないのか」「弱者にがんばれ、と言うだけで競争に放り込んでいいのか」という、多くの読者の方がお持ちの疑問を、面と向かってぶつける**のも私の役割だと考えた。

私は大学時代を含め、約二十年間にわたり近くで教えを仰いできた。そんな私だからこそ、竹中平蔵氏の神髄を引き出して受けきる、プロレスで言うところの「受けの美学」に満ちた対談本にしたいと思って書き上げてきたのだ。

私は単なる対談本は嫌いである。ちょこっと有名な人が二人出てきて、本の構造や表現への拘《こだわ》りもなく、安易に量産されてしまう、悲しき多くの対談本。

四時間ほど話してチョチョイとライターさんが書いて、内容はこれまで話されていたことの焼き直し――このような二流の対談本にコロコロ転落しないように、本書では何カ月もかけて綿密に対談を行い、論理構造や全体観、表現の一つ一つに拘って作り上げた。

本書の特徴を三つ挙げるとすれば、以下の通りとなる。

まず第一に、私を含め、二〇一八年に多くの人が知りたいであろう、「生産性」を高めるために必要な議論への決着をつけるべく、**コレがバレたら政治家が大いに困る、「時代遅れの規制や既得権益構造」を、一気に一冊にまとめている**ことである。

1．時代遅れの規制・既得権益の構造が、一挙に明らかに

第1章の働き方改革では、正社員信仰や、副業禁止、終身雇用、年功序列、退職金などの制度が、いかに時代遅れの遺産であるかを明らかにしている。

ここでは、**一般的に言われるような「労使対立」ではなく、実際は「労労対立」構**

造になっていることを、ご理解いただけるだろう。そして昨今話題のベーシックインカムや歳入庁の設立に猛反対する、各省庁の既得権益構造についても明らかにしている。

第2章のリーダーシップ論では、**おなじみ安倍首相、小泉元首相、そしてお騒がせな小池百合子都知事の近くで働いてこられた竹中平蔵氏ならではの、三者の比較を通した、新しいリーダーシップ**を論じている。

時代遅れのリーダーシップと、時代に左右されない本質的なリーダーシップを論じた内容からは、現実的に組織を率いるための数多くの教訓を学んでいただけるに違いない。

第3章では高齢化社会2・0と銘打って、時代遅れの福祉制度や、高齢の名医が実践する健康管理法などについて幅広く論じている。

日本ほど若年層への支援がなく、高齢者への福祉が手厚い国もない。貧富の格差が拡大する高齢化社会では、**高齢富裕層が高齢貧困層を支える仕組みが必要**だ。また安楽死を含めた「自由な死に方」の議論は、宗教界を巻き込んだ論争になるだろう。

第4章では時代錯誤の七大制度について論じている。

中でも企業の見えにくい談合体質や時代遅れのコーポレートガバナンスの実態、昔ながらの法制度、道州制への反発といった社会面の問題に加え、古過ぎる結婚制度、旧態依然とした教育制度、そしてチープ&フェイク化したメディアといった**個人の生活に深く関わる分野の新しい自由な生き方と、生産性革命について幅広く論じているのだ。**

第5章では、一体全体、なぜ政治が変わらないのか、その原因を構造的に明らかにしている。大半の人にとっては、総務会やら政調会やら何やら、そもそも政策ってどういうプロセスで誰が作っているのかなど、ワケのわからない点が多いものである。

本章では、政策が決定される仕組みや国会の実態、そして**改革を拒む政財官の「既得権益・鉄のトライアングル」と「ジャンケン構造」の実態を、明確に理解していただける**だろう。

さらには「どうせ与党が数で勝つのに、なぜ国会中継ではだらだらと、用意された答弁書を読むだけの政治ショーが繰り広げられているのか?」「あの、会期末に出される絶対可決されない謎の不信任案とは何なのか?」などの一般的で素朴な疑問に関し、政治家の恥ずかしい実態が一気にバレるのが第5章である。

最後の第6章では、本書の副題でもある「時代遅れのルールにしばられない」生き方の集大成、**「これだけはすぐに壊すべき」**な、**規制緩和のポイント**について論じている。

そして、様々な過去のしがらみを断ち切って、多様なイノベーション概念を活用し、本書のコンセプトの一つでもある**「リープフロッグ（蛙飛び）の生産性向上」を成し遂げるために必要な具体的なポイントを、一気に一冊にまとめた内容**となっている。

2. グローバル炎上師弟だからこそできる、炎上問答無用の本音議論

本書は、多方面から批判され、大炎上することだろう。

これを書いている過程で「これは、いつものユーモアコラムとはちがい、**ガチで既得権益を暴露してるから、やばいんとちがうか？　政治家、官僚、経団連、農協、医師会、大手メディア……全部敵に回して、この国でどうやって商売していくつもりや??**」と若干不安になってしまったのは事実だ。

しかし、いくら炎上しようと、もうこれ以上炎上できないくらい焦げ焦げに炎上済

みの私と、様々な既得権益に切り込んできたからこそ、あらゆるメディアで炎上経験が豊富な竹中先生。

この「グローバル炎上師弟」の二人だからこそ、このような既得権益構造の本質に関し、心の防火装置を高度に発動させながら、本音で書き上げることができた。

それにしても、「これだけ本当のことをズバリ書いても、出版されるって、やはり日本は成熟した社会やな。焚書坑儒《ふんしょこうじゅ》の時代やったら、まず焚書されて私も先生と一緒に火あぶりやったやろうに……」などと、妙に感心するのだ。

本書は**「最も多くの既得権益者を怒らせる一冊」**となるだろう。私の前作『最強の働き方』（東洋経済新報社）は、世界中の上司に怒られた教訓を一冊にまとめてビジネス書大賞を頂いた。本書は、日本中の既得権益者に怒られることで、「二〇一八年ベストセラー・炎上大賞グランプリ」を獲得するのは、間違いないことであろう。

3.「リープフロッグ」級の生産性向上に向けた改革案・新しい自由な生き方を一冊で網羅

最後に強調したいのが、本書は極めて未来志向で、「生産性を一気に高めるための方策」が広範に、そして体系的に編纂されていることである。

時代遅れの思い込みやルール、制度、社会規範に惑わされることなく、もっと自分らしく生きればいいんだ、という自由な発想を感じ取っていただけるだろう。

正社員を選ばなくても立派な人生は過ごせるし、現行制度の結婚をしなくても、何も問題はない。個人の生き方は自由だし、死に方だって自由な選択肢があっていいはずだ。

政治に関して言えば、選挙なんて電子投票にすべきだし、現状の地方議会なんて、まずいらない。**福祉に関していえば貧しい若者が高齢者を支えるのではなく、豊かな高齢者が貧しい高齢者を支えるのが当然だ。そして教育は中央政府から、地方自治体に権限がもっと移譲されてしかるべきだ。**

日本の農業を守るのは農協ではなく、新規参入する若者や企業であることは、農協と族議員以外、誰でも知っている。

シェアリングエコノミーの普及を、既得権益団体と京都を始めとする地方議会が抹殺するのを座視していてはいけない。そして第四次産業革命の流れに乗り遅れず、安上がりの（フルーガル）イノベーションでも、逆（リバース）イノベーションでも、

リープフロッグ（蛙飛び）する生産性革命と成長の機会は、この国にはいくらでも溢れているのだ。

国民が賢くなり過ぎて、政治家・官僚・メディアがビビる一冊

本書は、すべての既得権益保有者と、既得権益を持っていない人、つまり全員に読んでほしい一冊だ。改革をはばむ既得権益構造を赤裸々に暴露してしまっているという点では、書いた本人が、一番学び、一番ビビっている一冊でもある。

しかし、日本社会の既得権益に切り込み続けて何十年、日本中の既得権益団体を最も怒らせてきた竹中平蔵氏と、日頃何を書いても炎上してもうお手上げ、あきらめモードの私だからこそ、この本で赤裸々な真相を極めて率直に書けたと言える。

本書は「日本の既得権益構造を一気に学び、生産性を高める改革の処方箋」をまとめた、「個人と社会のリープフロッグ」をコンセプトにした渾身の一冊なのだ。

本書を出版することは、様々なことを教えてくださった竹中先生および、この社会への恩返しだと思っている。本書の中で出てくるが、『学問のすゝめ』は、社会の一人一人が賢くならないと社会は発展しないという危機感に基づいて作られている。

本書も、「現代社会の問題点を理解し、既得権益構造を知らなければ、政治も社会も民主主義も発展しない」という問題意識のもと、**「バレたら政治家や官僚が困る既得権益構造」を一挙に明らかにしつつ、具体的な改革案と教訓を、誠心誠意書かせていただいた。**

この一冊が読者の皆様と社会を、時代遅れの思い込みや規制から解放し、自由にリープフロッグさせるきっかけになることを祈念してやまない。

ムーギー・キム

最強の生産性革命　時代遅れのルールにしばられない38の教訓　目次

第1部 個人の生産性を高めるために

第1章 働き方の生産性革命を起こそう

第2章
最強のリーダーシップ
安倍・小泉・小池の比較で見えた、信望を集める人の特徴

第3章

高齢化社会2・0を生きる
生産性の高い高齢化社会のありかた

第2部 社会の生産性を高めるために

第4章 日本の生産性を押し下げる七大レガシーへの処方箋
談合・経営・法律・結婚・教育・自治体・メディア

第5章
「民主主義」の生産性を高めるために
「変わらない政治」の戦犯は誰か？

3 議院内閣制の本質、「政府与党一体」の弊害と、官僚・野党・国会への対応

第6章

時代遅れの規制を変えよう
新規参入を阻む既得権益構造

第1部

個人の生産性を高めるために

第1章

働き方の生産性革命を起こそう

1 大企業エリート信仰は時代遅れ

「好きなことをやる」のが一番生産的な人生

キム 今、政府は「働き方改革」の議論をしていますが、私にはどうもピンと来ません。結局、自分がおもしろいからやろうと決めたことじゃないとがんばれない。それに尽きると思うんです。

個人のＩＱの差は、大したことはありません。明らかにものすごく賢い人もいますが、ではその人がなぜ賢くなったかと言えば、好きなことをやり続けたからですよね。

竹中 そのとおり。かつてコロンビア大学で、世界を代表する大企業「フォーチュン１００」（グローバル企業の総収入ランキングトップ１００）の各ＣＥＯ（最高経営責任者）に、「あなたはどうしてＣＥＯになれたと思いますか」というアンケートを取った人がいるんです。その結果、**圧倒的に多かった答えは「自分が好きなことを**

やったから」でした。

よくストレスや過労死が話題になりますが、いわゆるオタクの人で過労死した人って聞いたことがないですよね。

キム　たしかに、鉄道写真を撮り過ぎて過労死した人って聞かないですね。

竹中　しかし、嫌なことをやらされたら辛いよね。ロシアの作家ゴーリキーの有名な言葉に、「**仕事が楽しければ人生は極楽だ。仕事が義務ならば人生は地獄だ**」というものがあります。

仕事は自分と社会との接点であり、社会に貢献することによってお金をもらえるわけです。そこには膨大な時間が費やされ、家で家族と一緒にいるより職場で働く時間のほうが長い人もたくさんいる。その意味では、仕事は人生そのものなんですよね。その時間をどう過ごすかは、私たちにとってすごく大事なことでしょう。

自分の労働力を切り売りして、**苦痛の対価として賃金を受け取るなどというのは、まさに時代遅れの感覚**だと思います。仕事と自分の人生とをどう結びつけるか、何をやるか、どういう働き方をするかは、もっと自分で選ぶべきなんですよね。

キム　そうですよね。好きなことをできているかどうかで、人生の幸福度の大半は決まると思います。

働き方ポートフォリオを作り、「ハイフニスト」を目指せ

キム　働き方についての意識も改める必要がありますよね。グローバルな観点で言えば、もう優秀な人ほど大企業には行きません。コンサルティングファームや金融に行くのは私みたいな一昔前の人間（笑）。

私がMBAをとったフランスのインシアード（INSEAD、フランスのビジネススクール）の卒業生も、最初は六割くらいがマッキンゼーやボストン・コンサルティングなどに入りますが、三年も経てばかなりの割合でアントレプレナー（起業家）になっていますよ。

つまり、**カッコいいキャリアのモデルが一昔前とはずいぶん変わっている。**世界の一流ビジネススクールのランキングでは、以前はマッキンゼーに送り込んだ人数みたいなことが基準になっていましたが、今はどれだけ起業家として成功させたか、というほうが重視されるんです。

竹中　そうなんだよね。

キム　ところが日本では、いまだに「寄らば大樹の陰」的な思考がものすごく強い。日本の労働市場やキャリア像はタイムラグが大きく、いまだにコンサルや大手金融機関に就職することが夢のキャリアだと思っている。

自分で独立してフロンティアを切り開いてやろうという意識が不足していますね。教育機関でも、起業家精神を育てようというところはあまりありません。リスク選好性が低いんです。

そこで提案なんですが、私は人それぞれ**「働き方ポートフォリオ」みたいなものを作ればいい**と思うんです。

とにかく「一つの仕事に一生懸命打ち込め」という発想は、まさに時代遅れの思い込みでしかありません。言いなりになって一つのことばかりやっていたら、転職できる可能性は限りなくゼロに近づくだけです。もちろん一つのことに打ち込む自己実現のあり方もありますが、人によっては**パラレルキャリアみたいな形で、好きなことを全部やればいい**んですよ。

私自身も、仕事をいくつかに分けています。これは稼ぐための仕事、これは勉強になるからやっている仕事、これは人脈のための仕事、これは趣味の仕事……という感じです。こういう「働き方ポートフォリオ」を、個人がそれぞれ自分に合うようにオーダーメイドで考えなくちゃいけないし、考えられる時代だと思うんですよね。

そうしていろいろやってみることで、本当に自分が好きな仕事、合っている仕事にヒットする確率も高くなるわけです。とにかく「好きなこと全部やりなはれ」というのが、私が言いたいことですね。

竹中　その一つの入り口になるのが、会社が社員の副業を認めることなんですよ。「専念義務」というわけのわからないルールを設けているところもありますが、これも時代遅れ。ちゃんと副業を認めれば、人それぞれ有意義な働き方ポートフォリオを作るチャンスを得られるわけです。

資生堂名誉会長の福原義春さんがよく使われる言葉に、「ハイフニスト」がありま す。一人で最低二つの肩書や専門性を持ち、それをハイフンでつないで表記しようというわけです。例えば「大学教授―小説家」とか「経営者―ミュージシャン」とか、人によっていろいろ考えられますね。

この点で有名なのが、日銀の理事をされていた吉野俊彦さん。その役職の他に、森鷗外の研究家としても一流だったんです。ご自宅には二つの書庫があり、帰宅してから夜の十二時までは第一書庫でエコノミストとしての研究を行ない、十二時を過ぎると第二書庫に移って森鷗外の研究をされていたといわれています。

「正社員だからハッピー」は、もはや恐竜の発想

竹中　その意味では、派遣労働も理に適《かな》っているんです。**世の中には、派遣労働の**

ほうが都合がいいという人がたくさんいます。

例えばある派遣会社で派遣で働いている人にアンケートを取ると、七〜八割の人は、派遣のほうがいいから派遣で働いていると答えた。もちろん、本当は正社員になりたいけれど派遣で働いているという人もいますが、そういう人は二割程度なんです。

実際、派遣にはいろいろメリットがあります。人間関係に囚《とら》われなくていいし、転勤や残業もない。仕事より子育てを優先したい人などには最適でしょ。一人の人生の中でも、ライフステージによって今は残業をしたくないとか、当面は午前中だけの勤務にしたいとか、働き方のニーズはいろいろあると思うんです。

そういう**多様な働き方を認めるということは、自由な生き方を認めることとほとんど同義なんですよね。**

キム　まったくそのとおりですね。正社員になることが目的化してしまっている、労働市場の「恐竜のような言説」が独り歩きしています。

竹中　日本では、働き方に様々な制約がある。その**最大の元凶は、終身雇用と年功序列こそ正しい働き方であるという前提の下に作られた制度**です。これは民主党政権が発足したとき、社民党が連立政権に入ったことによってできてしまったんです。

キム　どんな制度ですか？

竹中　最たる例が、派遣などの労働契約は三年経った時点で長期の無期契約に変えなきゃいけないというもの。これが今、ものすごい弊害を生んでいるんです。

企業側としては、派遣で働いてきた人を終身雇用に切り替えたくない。そこで三年目が終わる前に、派遣契約を切ってしまうんですよ。これがいわゆる「雇い止め」で、要するに雇用を減らす政策になっているわけです。自由を妨げるといかに弊害が出るか、その典型ですよね。

ではなぜ企業は無期契約で働かせることを嫌うかというと、解雇ができないから。**一九七九年の判例で、解雇条件が決まっている**んです。雇う側は強い、雇われる側は弱い。これが事実ですよね。立場の違いがある以上、雇われる側がある程度守られるのは当然ですよね。簡単にクビを切ってはいけない。

強すぎる解雇条件のパラドクス

竹中　しかし、**解雇条件が示された一九七九年の判例は、あまりにも雇われる側が強い**んです。現実には、会社が潰れるまで辞めさせられません。だから**労働争議で解雇を撤回させた途端、会社が潰れた**などという実例もあるんですよ。

キム　それだと、会社は人を雇えないですよね。

竹中　だから訴訟リスクを感じる大企業は、正規雇用で雇うことにすごく慎重にならざるを得ない。あるいは逆もあって、**訴訟を起こされて賠償を命じられても払えな**

いと開き直っている中小企業は、平気でクビを切ったりしています。時代遅れの変な判例のおかげで、労使ともに不利益を被《こうむ》っているわけです。

もう一つ、日本で象徴的なのは、「契約社員」という言い方です。短期で契約している社員を指す言葉ですが、これっておかしいですよね。無期雇用の社員だって契約しているはずです。見方を換えれば、無期雇用の社員は無条件で会社に居続けるという前提になっているわけです。

キム　しかも、その無期雇用の社員が恵まれているかといえば、そうでもない。

竹中　そうなんです。正社員と呼ばれる彼らはけっしてハッピーではない。年功序列・終身雇用を前提にするかぎり、クビにならないという安心感はあるかもしれませんが、**その会社で偉くなれなかったり人間関係で失敗したりすればやり直しが効かないというリスクも抱え込んでいる。**これはものすごく不幸なことだと思います。

人それぞれ、どこで幸せや不幸を感じるかわからないですから、様々な道を自由に選べるようにしないといけないですね。

2 会社、社会の制度も時代遅れ

終身雇用も退職金も過去の遺産――「退職金の合理性」はもはやない

キム　個人の働き方もそうですが、会社の制度のほうを見ると、退職金もおかしな制度ですよね。ずっと勤め上げないと満額をもらえない。だから我慢して一つの会社にしがみつこうとする。もう退職金制度自体、なくしちゃったほうがいいと思いますけどね。

竹中　そもそも退職金にしても、それから終身雇用や年功序列にしても、法律で決まっているわけではありません。ほとんど自然発生的に生まれた制度です。それも、よく**「日本型経営」などと伝統芸のように呼ばれますが、実は戦後にできた非常に新しい制度**なんですよ。

経済学者の南亮進先生の著書『日本の経済発展』（牧野文夫との共著・東洋経済新報社）で紹介されている統計によると、第一次世界大戦と第二次世界大戦の間の日本企業の社員定着率ってものすごく低いんです。経営学者の間では諸説ありますが、通説では、終身雇用などは戦後生まれた制度です。

なぜ戦後かといえば、端的には復興需要です。戦争ですべてのものを失いましたが、これから右肩上がりで急速に復興していくはずだと。**ところが、まだ高校や大学のような高等教育機関がしっかり機能していない。そこで企業は、可能性のあるまっさらな若い人をたくさん採用して、自ら社内で教育した**んです。

これがすごく大きなポイントです。社内で教育投資をする以上、長く働いて還元してもらわないと困るわけです。**給料を払って教育した挙句、一人前になったとたんに他社に転職されては元も子もありません。**そこで社内で長く働くように、長くいればいるほど居心地のいい制度を考えた。それが年功序列で給料が上がり、最後まで勤め上げれば退職金がもらえるという制度だったわけです。

ただし、終身雇用・年功序列制度が実現するためには二つの条件があります。一つは経済が常に右肩上がりであること。もう一つは人口が増え続けること。この両方が満たされていなければ、もうサステナブル（持続可能）じゃないんですよ。つまり、今の時代にはまったく合わないということです。

だから、この制度は早く変わらざるを得ない。**退職金などという給料の後払いをやめて、今の時点で給料に上乗せする**とかね。

キム　退職金制度というのは別に法律で決まっているわけではなく、企業が勝手にやっているだけなんですね。制度の前提となる時代が変わった今、何のために存続しているのかわかりませんね。

竹中　**退職金は、本来社員に出すべきものを社内でプールして後払いするということです。**その分、会社として自由に投資に回せるわけです。新しい工場を建てたり、研究開発費を増やしたり。そのほうが自分で運用するより運用利益率が高いなら、まだ合理性はあります。今もらうより、後でもらうほうが額が大きくなるので。**しかしこれも、経済が右肩上がりじゃないと成り立たない話**ですよね。

「正しい働き方」は政府任せでなく自分で決める時代——労労対立の制度的不平等を解消せよ

竹中　ポイントは、自由な働き方を認めた上で、それぞれの働き方の中で不平等がないようにすること。政府の掲げている「同一労働・同一賃金」という看板は、間違ってはいないんです。ただ、今は制度的な不平等があるんですよ。例えば**正社員でなければ、十分な厚生年金や企業年金に入れない。**これは是正すべきで、制度設計を見直せばいいんです。

キム　制度間の不平等をなくすということは、例えば非正規やいわゆる契約社員の人もちゃんと社会保障を受けられるようにする、ということですよね。

竹中　そういうことです。つまり、長時間労働か短時間労働かは自由に選べると。それによる条件は当然違うと。

短時間労働だから払う保険料も少ない代わりに、いざというときにもらえる保険金も少ない。これは当たり前ですよね。しかし、不平等はなくさなきゃいけない。短時間労働だから保険に入れないというのがおかしいんです。

ところが、この問題は労働組合と財界が手を組んで強固に反対しているわけ。

キム　財界が反対するのは、コストをできるだけかけたくないから？

竹中　そうです。最大の理由は、全員を保険に入れたら企業の保険負担量が大きくなるということですね。

それから**労働組合にとっては、非正規の待遇を向上させることで、自分たちの待遇が引き下げられるおそれがある。だから反対しているわけです。**

いわゆるマルクス主義の理論で言えば、資本主義は資本家が労働者を搾取するという構図でしたよね。でも今起きていることは違うんです。正規社員が非正規社員を搾取している。いわば**「労労搾取」であり「労労対立」**の構図です。

キム　これは重要なポイントですね。マルクスも見抜けなかった、労働者間の対立構造が生まれていると。たしかに資本家対労働者ではないですよね。

竹中　そう。生産性より高い給料をもらい、絶対にクビにならないという雇用で過剰に守られている正規社員と、その犠牲になっているその他の労働者という関係です。これはまさに「労労対立」ですよ。

キム　経済が右肩上がりで、若い人の人口が多い時代は終わった。制度の前提自体が崩れているのに、変化を嫌って昔のままを維持しようとしている。

結局、働き方についてすべて共通するのは、古い画一的な制度を無理やり全員に押し付けようとしている、ということですね。

竹中　そう。多様性を認めていないんですよ。しかし、**もはや「正しい働き方」を政府や企業が決める時代ではない。**人それぞれに考えてもらいましょう、ということだと思います。

それと、メタボリズムを解消する必要がある。つまり新陳代謝を高める制度を作ることです。その一里塚になるのが、リストラできるルールをちゃんと設定すること。これがあれば、企業も安心して雇えるんですよ。簡単に**離婚できるようにしておけば安心して結婚できるのと同じ。**

キム　解雇と離婚の共通点ですね（笑）。

ベーシックインカムで、低所得者に「負の所得税」を

キム　ただ日本では、まだ失業や転職、非正規社員になることに対する恐怖心が強いですよね。だから非生産的でも正規社員の仕事にしがみつこうとする人が多い反面、独立起業を目指す人は少ない。これは日本人のメンタルの問題というより、保障面での制度設計の問題だと思うのですが。

時代に合わせて、もっと自由な働き方を政府が支援するような制度が必要じゃないですか？

竹中　それがベーシックインカムですね。要するに、一定以上の所得がある人は、その分について何割かの所得税を払ってくださいと。でも所得が一定額より少ない人に関しては、所得税を給付する。つまり**「負の所得税」を課して、日本人として最低限の所得を政府が保障する**ということです。

どんな改革をするにせよ、人は得るものより失うものを怖がる傾向があります。それに対してベーシックインカムというのは、究極のセーフティネットなんですよ。これから国を良くするために改革をすると、いろいろなことが起こり得る。そのプロセスにおいては、もしかしたら一時的に失業する人が出てくるかもしれない。でもそのときに、ベーシックインカムであなたの人生は守られますと。

だから**ベーシックインカムだけやるのではなく、こういう究極のセーフティネットを整備した上で、改革を思い切りやっていこう**というわけです。

キム　ベーシックインカムっていろいろな制度設計があり得ますよね。支給額をいくらにするかとか、財源をどうするかとか。

竹中　そこが政策のおもしろいところ。**各論から入ったら、絶対に議論はぐちゃぐちゃになってまとまりません。**まず、原則としてベーシックインカムを導入するということで合意することが大事なんですよ。その上で、不平等が生じないようにするとか、財源はこうやって調達するとか決めていけばいい。

一〇〇点満点を目指す必要はありません。三〇点ではまずいけれど、合意形成しながら八五点を取れればいいんです。

生活保護とベーシックインカムの違いは「働くインセンティブ」の有無

キム　実は私、ベーシックインカムに対しては今ひとつ納得感がないんです。北欧で導入してどうやら機能しているという話は聞くのですが。

おそらく多くの国民にとっては、ベーシックインカムが導入されることによって得られるメリット感がないと、納得できないと思うんですよ。それに対しては、導入によって不安感が消えて改革がやりやすくなるというロジックでよろしいですか？

竹中　そうです。まさにそういうロジックです。

キム　今の生活保護とはどう違うんですか？

竹中　**生活保護の場合は、所得を得た分だけ支給額が減らされるんです。つまり働くことに対して負のインセンティブが働く。**それに基本的に救済制度なので、もちろん大事ではありますが、できれば受けたくないと思う人が多い。いかにも「保護してあげる」という「上から目線」ですよね。

しかし**ベーシックインカムの場合は、働かなくても給付されますが、働くほど豊かになれるんです。だから働く意欲を削《そ》がない。**所得に応じてどれだけの所得税を払うか、または還付されるかという話です。これなら抵抗はないはず。人によって所得税率が高くても低くても別にいいじゃないですか。

人生の中で、所得税率を三〇パーセント払うときもあれば、五パーセントのときもある。あるいはマイナス一〇パーセントのときがあってもいい。個人の状況に応じて国が支えますよという考え方が根底にあるわけです。**これはまさに税と社会保障の一体改革です。**

キム　働けない人も対象になるんですね？

竹中　働いていない人には、病気その他、何らかの理由があるわけですよね。それはそれでいいじゃないですかと。そういう人こそ、ベーシックインカムで保障されるわけです。

ただしベーシックインカムの給付をあまり高くすると、働くことに対して負のインセンティブを与えかねません。そこをどう制度設計するか、なかなか難しいところですね。しかし議論をそこから始めてはいけない。

キム　大きな幹で言うと、セーフティネットのあり方を変えましょう、ベーシックインカムなら税金と社会保障を一体改革できる。そういう話ですよね。

世間的に、**先生はどうしても「弱者に厳しい」みたいなとんでもないイメージで語られることがありますから、これからは「負の所得税の竹中です」でいいんじゃないですか。**名刺にもそう書いたほうがいいですよ。

竹中　言っとくけど、私は弱者もがんばれる社会を目指しているからね。

歳入庁の設立に、財務省と厚労省が猛抵抗する理由
――「税と警察」こそ国家権力

竹中　ベーシックインカムをやるとして、問題は財源をどうするか。**これは国税庁と日本年金機構を合併して歳入庁を作ればいい。今の年金機構は保険料を取りっぱぐれていますが、国税庁が入れば全部取れて数兆円が入ってくる。**それでできますよ。

キム　結局、非効率な公的機関のM&A（合併・吸収）なんですね。

竹中　そうそう。ただしこれは、政治的にすごく波紋を呼ぶね。**最大の抵抗勢力は国税庁を管轄する財務省と、日本年金機構を抱える厚生労働省でしょう。**歳入庁を作

るとなると、いずれも切り離されて内閣府の下に置かれることになる。特に財務省は猛烈に反対するはずです。**そもそも国家権力というのは、突き詰めれば「税と警察」なんですよ。**財務省は税で他の省庁をコントロールしたり、民間企業を締め付けたりできるわけです。メディアがあまりひどいことを書くと査察に入ったり。

ところが国税庁が切り離されると、それができなくなる。つまり強大な権力を失うわけです。

キム　財務省的には、もう絶対に手放したくないですよね。

竹中　余談ですが、財務省の若い官僚は、よく税務署に出向させられるんです。その理由わかる？　もちろん王道学を学ばせるという意味もありますが、もう一つの国家権力である警察と仲良くなるプロセスでもあるんですよ。査察に入るとき、警察と一緒に行動するでしょ。

キム　それで財務省のエリート幹部は警察庁とつながって、国家権力を両方とも掌握するわけですね。

章末ミニ放談

時間を有効に使うために

竹中式宴会脱出術

竹中　「新しい働き方」に関して、先ほど、日銀の吉野さんの話をしました。ここまで徹底できる人は、なかなかいないかもしれません。でも私は、吉野さんから学んだことがもう一つあります。

実は吉野さんは、宴会を抜け出す名人だったんです。組織で重責を担う方だから、宴会には顔を出さないといけない。でも第一書庫と第二書庫にも行かなきゃいけないから、遅くまで飲んでなんかいられない。そこで、いつの間にかサッと消える術《すべ》を習得された（笑）。

私はそれを、若い頃からずっと見習っていた。**宴会を抜け出すコツっていくつかあるんですよ。第一に、会場には絶対に遅れずに行く。**遅れて参加して最初に退散するのは、さすがにまずいでしょ。

第二に、冬でもコートを着て行かない。

コートを持っていると、いつ帰るか周囲にバレやすいからね。トイレに行くとか、電話がかかってきたふりをしてサッと抜けるのがいいんです。

ちなみに私は教授会でも、もっとも出口に近い場所に座るのが常でした。

そして**第三に、カラオケがあったら最初に二曲歌う。**活躍していたなという印象だけ残して、さっさと消えるわけです（笑）。

キム　これは宴会の時間生産性を大いに高めますね。本章の「働き方改革」のハイライトとなる、最大の教訓かと思います（笑）。

第1章まとめ

時代遅れ① **いまだに大企業エリート信仰？**

⬅

生産性を高める法則① **「好きなことをやる」のが一番生産的な人生**

過労死したオタクはいない。仕事が楽しければ、成長のスピードも速く、生産性の高い仕事ができる。

時代遅れ② **会社の「専念義務」は当然だ**

⬅

生産性を高める法則② **働き方ポートフォリオを作り、「ハイフニスト」を目指せ**

副業を禁止する「専念義務」は時代錯誤。スキルアップのため、人脈づくりのため、お金のため……。複数の仕事を試すことで、やがて自分に合った仕事も見つかる。

時代遅れ③ **正社員こそ、目指すべき「正しい働き方」だ**

⬅

生産性を高める法則③ **「正社員こそ正しい働き方」という概念自体が時代遅れ**

パートタイムや派遣など、フルタイム正社員以外の働き方を選びたい人も多い。「正しい働き方」は政府ではなく、自分が決める時代。

時代遅れ④　終身雇用、退職金、強すぎる解雇条件のパラドクス

⬅ **生産性を高める法則④　退職金は給料に上乗せし、解雇のルールの整備を**

社員を会社に縛りつけても、誰にもメリットを生まない。一刻も早く「解雇ルール」の設定をし、退職金は現行の給料に上乗せする形に。

時代遅れ⑤　労使対立に騙されていない？

⬅ **生産性を高める法則⑤　実際に起きているのは労労対立――誰もが自由に働けるような制度が必要**

正社員でなければ十分な厚生年金に入れないなど、正規社員が非正規社員を搾取する「労労対立」が起きている。働き方によって不平等が生じない仕組みが必要。

時代遅れ⑥ **所得の最低保障がないから、働き方改革が進まない**

⬅

生産性を高める法則⑥ **ベーシックインカムは究極のセーフティネット。低所得者には「負の所得税」を**

国民全員の最低所得を国が保障するベーシックインカム。しかしベーシックインカムを扱う「歳入庁」の創設には、財務省と厚労省の猛抵抗が必至。

章末ミニ放談

時間を有効に使うために――竹中式宴会脱出術

付き合いでやむを得ず参加する宴会に、時間を浪費してはいけない。早く着き、一曲歌って早めに帰ろう。

第2章

最強のリーダーシップ

安倍・小泉・小池の比較で見えた、信望を集める人の特徴

1 人を魅了するリーダーに不可欠なもの

強い言葉を発する強い信念
――枝葉を落とした、腑に落ちる本質

キム これまで先生は、多くの魅力的なリーダーに会われてきたと思います。その中でも特に印象に残っている方、人を惹《ひ》きつけるものがあるなあと感じた方はどなたですか？

竹中 圧倒的に小泉純一郎さんだね。

キム やっぱりそうですか。この竹中先生がボスとして心酔されたぐらいですから、よほどの方なんですね。以前伺ったお話では、小泉さんに「何でも好きなことをやれ」「何か困ったら、俺がバックアップしてやる」と言われたとか。

竹中 私が最初に小泉さんに経済の話をしたのは、もう三十年近く前なんです。そのとき、小泉さんはずっと腕を組み、目を閉じてうつむいたままだった。ちゃんと聞いてくれていないんじゃないかと思ったくらいです。

しかしこのスタイルは、小泉さんが総理になって執務室で私が担当大臣として経済の報告をしているときもまったく同じでした。後から気づいたんですが、**小泉さんは話の枝葉をすべて切り落とし、幹の部分だけ吸収しようとしていた**んです。

キム　要点だけ摑《つか》んでいたわけですね。

竹中　そう。幹の部分をストンと腹に入れると、腑《ふ》に落ちるわけ。腑に落ちるから、出てくる言葉がすごく力強くなる。根幹がわかっているから、細かいところは君たちがやればいいとなるわけです。

キム　だから基本的な方向性を間違わないと。

竹中　総理時代の小泉さんには「いつも同じことしか言わない」みたいな批判がありましたね。でも違うんだ。あれは腑に落ちたことだけを何回も言っていたんです。これは強いよね。

さらに研ぎ澄ましていくと、絶対に否定できない言葉になるんです。例えば、**有名な言葉「民間でできることは民間で」**って誰が否定できる？　民間でできることを国にやらせろと言う人はさすがにいないでしょ。

キム　そうですよね。

竹中　そういう強い言葉を発することで強い信念が生まれ、絶対に揺るがない。小泉さんはそんなリーダーでした。リーダーにもいろいろなタイプがありますが、これはリーダーとしての基本だと思いますね。

小泉元首相の、愛すべき茶目っ気と配慮

竹中　そしてもう一つ、小泉さんは強いリーダーでありながら、人間としての茶目っ気があるんです。仕える側から見ると、これも重要なんですよ。

例えば二〇〇五年九月の郵政選挙のとき、自民党が公明党と合わせて全議席の三分の二以上を取る大勝利でしたね。私は開票の夜、自民党の武部勤幹事長と一緒に党の幹事長室に詰めていたんです。

そこに小泉さんが現れたのは、夜の十二時頃。で、私は総理大臣執務室に呼ばれて入って行ったんですが、小泉さんはテレビをつけながら「何か大変なことになってきたな」ってニコニコしているんです。

キム　その人にかわいげがあるかどうかは、付いて行きたいと思えるかどうかの重要な判断材料ですよね。

竹中　**さらに言えば、たいへん温かい人でもある。**この郵政選挙の前、郵政法案が衆議院でギリギリ可決した後、参議院で否決されました。それで解散総選挙になるわけですが、その当夜の演説は今でも語り草になっていますよね。「**私は国民に聞いてみたい。郵政民営化が必要ないと言うなら、私は総理を辞める**」と。

その翌日、郵政民営化担当大臣だった私は、民営化法案を通せなかったことをお詫

びするために総理大臣執務室に行きました。ところがその部屋のドアを開けたとたん、小泉さんのほうから駆け寄ってきて私の手を握り、言うんです。**「竹中さん、ありがとう。竹中さんがいなかったら、ここまで来れなかった。本当に感謝している」。**

私はもう胸がいっぱいになってね、「それにしても昨日の演説はすごかったですね」と話を振ったら、「うん、あのとき俺、怒ってたんだよな。怒ってたから言えたことで、もう一回やれと言われても言えないよな」と言うんです。その上で、「選挙はやってみないとわからないから。別に自信があるわけじゃないけれど、俺はそれでいいと思っている」と断言された。私はもう感激でした。

しかも、これで終わりじゃないんですよ。

キム　何があったんですか？

竹中　**その日の夜、家に帰ったら、家内が泣いているんです。「どうしたの？」って聞いたら、「今、小泉さんのお姉さんから電話があった」と。**小泉さんが私に言ったのと同じことを、お姉さんが家内にも伝えていたんです。

キム　つまり、小泉さんが先生の奥さんにも感謝を伝えるように手配したということですね。

やっぱり人のハートを摑む人というのは、ちゃんと配慮ができるんですね。ぶっきらぼうに見えていながら。

竹中　まったくぶっきらぼうじゃない。これはもう本人の人間力だね。私にとっては一生忘れられないリーダーという感じです。

キム　まず信念があり、チャーミングでもあり、なおかつ温かな配慮もできると。

竹中　ついでに言うと、当時は私が郵政民営化について党に説明に行っても、ボコボコにされたんです。「お前は何様のつもりだ」という感じで。

実はほとんどの政治家にとって、郵政民営化なんてどうでもいいんですよ。しかし支持者から文句を言ってくれと頼まれているから、俺は言ったぞという証拠を残すためにボコボコにするわけです。

キム　これを言うとまたプロレスファンに怒られるのですが、いわゆるプロレスをやっているわけですね。派手な大技で攻撃してカッコよく見せたいと（笑）。

竹中　まさにそんな感じ。もちろん、こちらはポーカーフェイスで「これはこうでございます」と丁寧に説明するわけですが、さすがにこれが毎日だと疲れてくる。

でも、その様子を小泉さんに「まだまだこんな状況です」と報告したら、「いい。当初の方針どおりやってくれ」としか言わない。それの繰り返しでした。つくづくおもしろい人だなあと思いました。

キム　本当にブレない方なんですね。

2 政治家に見る、リーダーシップの成功と失敗の法則

小池百合子都知事が大敗したのは「パッション」の欠如

キム　二〇一七年十月に行なわれた衆議院議員選挙の結果には、さすがに先生も唖然とされたんじゃないですか？　希望の党があれほど負けるとは。

竹中　うん、唖然としたね。

キム　結局、小池百合子さんが話題の中心でしたね。民進党から駆け込もうとする候補者を「排除」と発言したり、支持団体「都民ファーストの会」の有力な同胞だった音喜多駿さん（東京都議会議員）に離反されたり。

もともと小池さんは、政局でドーンと派手なことはできるけれど、実行力のあるリーダーではないと言われていましたよね。それに、長期的に支えてくれる人材を集められる人でもないと。つまり、特にやりたいことがあるわけではなく、とにかく何か旋風を巻き起こしたいだけなんじゃないかとも言われています。先生のご見解はいか

がですか？

竹中　今の話、部分的には当たっていると思うけどね。**リーダーとして、小泉さんとの最大の違いは、やりたいことのパッション（情熱）があるか否かでしょう。人は、そのパッションについて行くんですよ。**

小泉さんは、人を惹きつけるパッションを持っていた。一匹狼だったとか、人付き合いが上手いとか下手とか、そういう次元の話ではないんです。**この人がここまで言うなら自分も協力しようと思わせる迫力があったんです。**

その点、小池さんもそういうものがないとは言えませんが、残念ながらまだ周囲からはその点が見えにくい。

キム　そうですね。小池さんは結局何がしたいのか、ひょっとすると権力欲以外ないのではないか、と思えるところがあります。

リーダーは、不測の事態に慌てない——誤解に満ちていたキューバ危機の教訓

竹中　たしかに、先の選挙にはリーダーシップの教訓がいろいろありましたね。安倍晋三総理と小池さんを比較してもおもしろい。

キム　ですよね。

竹中　リーダーには予見できないことが起こります。ハーバード大学ケネディスク

ールで長くリーダーシップの研究を続けているロナルド・ハイフェッツ教授の著書にも、「**リーダーシップとはリスクマネジメントである**」という記述があります。では安倍さんと小池さんはどうだったか。これはあらゆるリーダーにとって参考になると思います。

まず安倍さんとしては、衆議院を解散して総選挙に突入するかどうかが大きな決断でした。安倍さんは間違いなく迷ったと思います。すでに三分の二の議席を持っていたので、憲法改正をはじめ、どんな政策をやるにせよ最適な環境でした。その意味では、解散を急ぐ必要はなかった。

しかし一方、いつか総選挙は必要です。特に自民党では、二〇一八年夏に総裁選が行なわれます。三選されて戦後最長の内閣を作ることを目指す安倍さんとしては、総選挙で負けるわけにはいかない。だから解散のタイミングを慎重に見きわめる必要があったわけです。

内閣支持率を見ると、二〇一七年六月に四八パーセントでしたが、同七月には三五パーセントまで落ちました。しかしその後、八月、九月と上昇に転じた（ＮＨＫ世論調査）。そこで、解散するなら今しかないと判断したのでしょう。

ところが、誤算が起きた。小池さんが予想外に早く国政に出てきたことです。しかも、メディアがそれを煽りましたね。「小池総理の誕生だ」と。徹底的に煽った上で徹底的に叩くというのは、メディアの常套《じょうとう》手段ですが。

おかげで、解散宣言当初、自民党の国会議員は真っ青になったと思いますよ。特に東京選出の議員は、直前の都議会議員選挙（自民党が大敗）の悪夢が蘇ってきたことでしょう。

ではそのとき、リーダーである安倍さんはどうしたか。**あわてて行動せず、時間を置いた**んです。英語では「Take time」（時間をかけろ）、「Don't move quickly」（あわてて動くな）とよく言いますね。不測の事態に対しては、こういう姿勢がきわめて重要なんです。

かつてキューバ危機が収束した後、米ソの担当者が集まって、当時何を考えてどういう行動を起こそうとしていたのか、本音で話し合う機会があったんです。**その結果、お互いの見解は誤解に満ちていたことがわかった。その誤解に基づいて行動を起こしていたら、もはや核戦争は避けられなかった**でしょう。

そこから得た教訓が「Don't move quickly」。強烈な小池旋風が吹く中で、安倍さんはそれを実践したわけです。

安倍首相の強みは、カリスマ性より包容力——ブレなかった安倍総理とブレた小池知事

キム　安倍さんという人は、すごいリーダーシップがあるわけでもなく、カリスマ性があるわけでもない。その割には戦後最長の首相になりつつある。結局、安倍さんのどういうところがリーダーとして優れているんでしょうか。単にラッキーなだけではないと思いますが。

竹中　リーダーシップにはいろいろなタイプがあると思います。リーダーというと、小泉さんのようにみんなをグイグイ引っ張って行く人をイメージしがちですが、**安倍さんのリーダーシップはちょっと違います。一言で表現するなら圧倒的な包容力。右から左まで包み込む力はすごい**ですよ。

政治的に敵か味方か、という線は明確に引きます。ただ、自分の味方についてくれる人に対しては、考え方が違っても包容するんです。

キム　それはある意味、強いリーダーシップですね。

竹中　実際そうでしょ。側近の中には改革派の塩崎恭久さんのような人もいれば、右寄りの方もたくさんいますからね。

一方、小池さんにも誤算がありました。常識的に考えて、今回の選挙で政権交代までできるはずがない。だから今回は保守の改革政党をしっかり作り、次の選挙で勝負をかけるというのが「プランA」でした。

ところがメディアに煽られて風が吹いてしまったために、「プランB」が出てきたわけです。

キム　一気に政権交代を目指せと。

竹中　そうそう。そしてもう一つ、大きな誤算は民進党が丸裸ですり寄ってきたことです。煮るなり焼くなり好きにしてくれという感じでね。これには小池さんも驚いたんです。このままでは、自分も東京都知事の職を捨てて国政に出なきゃいけない。

そこで小池さんはどうしたか。

結局、「プランA」も「プランB」も選べなかったんです。いずれも中途半端でした。

「排除」という言葉が悪かったと一般に言われましたが、これには別の考えもあるんです。**排除しきれなかったのが悪い**ということなんですよ。

想定外の人がいっぱい入ってしまったから、「保守の改革政党といっても偽物だよね」と見られるようになった。

だから「プランA」にも「プランB」にも進めなかったんです。

キム　小泉進次郎さんも、的を射たおもしろいことを言っていましたね。「小池さんは都知事のままでも国政に出ても、どちらに転んでも無責任」だとか。

たしかに傍《はた》から見ていて、だんだん希望の党に勝ち目はないという気がしてきました。

それに、内部の統制もまったく取れていなかった。

特に若狭勝さんのようなメディアに慣れていない人が、しかめっ面で印象の悪いままドンと前に出てきて、しかも「政権交代は次の次の選挙でいい」と仰天発言したり。

この中途半端さは、周囲の人も支持しないだろうと思いますよね。

竹中　だから**結局、リーダーは中途半端な選択をしてはダメだということなんです。小池さんは少しブレた、安倍さんはブレなかった。**その差ですよね。

リーダーと周りのサポーターを結びつけるパッションが重要

キム　結局、前原誠司さんにしても小池百合子さんにしても、今やリーダーシップの反面教師という感じがします。ブレてしまったり、身内から刺されたり。

特に小池さんの場合、すごく時代遅れのリーダーのように見える。下の人に対して傲慢で、「私が全部知ってるんだから、あなたは言うことを聞いていればいいのよ」みたいな言い方をする。

だいたい小池さんは、自分の実力で旋風を巻き起こせたわけではないですよね。周りにいた、ＳＮＳ等で影響力のある音喜多さんのような若い人たちに支えられて躍進できた。

ところがちょっと自分がうまくいったら、もう若い人の発信を規制したり、もしくは若い議員だけで会うことを禁止したりと、高圧的なものです。人を信頼できず、任せられない残念なリーダーの典型です。さながら昔の王朝みたいなことをやっているわけです。これは典型的な、昔ながらのダメ上司だなと思いますね。

つまり**小池さんには、今の若い人たちをリードしてマネジメントするセンスや視野が無かった。**ひと昔前の日本のサラリーマン社会なら通用したかもしれませんが、今の若い人は、そういう人の言うことは聞きません。

企業でも上司が昔ながらの偉そうなマネジメントをすると、さっさと見切りをつけて転職してしまう。

今は若い人が少なくて引く手あまただから、彼らはまったく迷いません。

それで困るのは企業のほうです。だから、リーダーの新しいマネジメント能力がすごく重要になっています。**若い人が気持ちよく自己実現できるよう、どれだけサポートできるかがリーダーに問われているん**です。

政界のリーダーシップも同じじゃないかと思うんです。昔は「黙って俺について来い」的なリーダーシップでよかったとしても、最近はもう通用しないんだと。

竹中　そうですね。何度も言いますが、**本人の資質より、リーダーとして軸になるパッションが必要**だと思いますね。このリーダーとこれを実現したい、これを手伝いたいんだと周りに思わせるものがないと。

キム　なるほど。つまり**周りのサポーターと自分を結びつけるパッションは何なのか**と。

竹中　そのとおり。結びつけるだけの確固たるパッションを持っているか。結びつけるものが、世論の「風」だけなら、風向きが変わればどこかに飛んでいってしまいますよね。

キム　たしかに。空気じゃ結びつかないですよね。

竹中　男女関係だってそうでしょ。愛で結びついているのか、お金で結びついているのかはすごく大事（笑）。

キム　大事ですよね。それにしても先生がそんなたとえ話をされるとは。

竹中　対談相手の性格を考えてね（笑）。

フォロワーシップとリーダーシップはコインの裏表

キム　安倍さんと小池さんの違いもそうですが、なんだかんだ言って一つにまとまる自民党と、瓦解した希望の党や民進党という組織の違いも明らかになりましたね。

竹中　**結局、リーダーシップがフォロワーシップに支えられていたかどうかだと思うんですよ。みんなリーダーシップの議論はするけれど、フォロワーシップの議論はほとんどしないでしょ。**

でも自民党、つまり安倍さんが優れているのは、リーダーシップよりもむしろフォロワーシップがしっかりしているからとも言えるんです。

キム　フォロワーシップというのは、具体的にどういうことですか。

竹中　自分が選んだリーダーに対して、ちゃんと秩序を守りますという意味です。自分たちが選んだリーダーにすぐに刃《やいば》を向けるような組織なら、まったくフォロワーシップが欠如しているわけです。

そういう組織にリーダーシップはあり得ませんね。

キム　たしかに「前原下ろし」だの「小池下ろし」だの、あの組織は忙しそうですね。逆にフォロワーシップがしっかりしている政党といえば、自民党と共産党ですか。共産党の委員長である志位和夫さんなんて、選挙で勝とうが負けようがずっとリーダーですもんね。

竹中　あと公明党もですね。

つまり**リーダーシップ論とフォロワーシップ論というのは、コインの両面なんです。**同時に見なきゃいけないと思いますね。

リーダーが一匹狼にならずに「ＣＰＵ」を持てるかどうか

竹中　個人の資質を磨くこともちろん重要ですが、もう一つリーダーにとって必要なのは、リーダーシップがうまく機能する仕組みを作ることだと思います。そこで重要なのが「ＣＰＵ」。これはコンピューターの中央演算処理装置のことではなく、**「Communication and Policy Unit」の略**です。**リーダーがこれを持っているかどうかで、決定的に違う**んです。

キム　それはどういうものなんですか？

竹中　**ワシントンなんかでよく使われるんですが、要するに側近が集まるストラテジーミーティング（作戦会議）のことです。何か問題が起きたとき、ではこの人に連絡を取って対処してもらおうとか、そういう戦術を決めて指示を出す司令塔のようなものですね。**

ところが日本の政治家は、皆さん一匹狼です。かつて宮澤喜一さんが総理をやっていらしたとき、秘書が問題を起こして謝罪を迫られたことがあった。その際に「政治家というのはしょせん個人商店なので」と弁明されていた。私にはこれがすごく印象的だったんです。その後、いろいろ拝見していると、たしかに驚くほど個人商店なんですよ。

キム　つまり全部自分で決めてしまって、組織的な対処ができないということですね。

竹中　せいぜいブレーンが一人か二人だけ。そうじゃなくて、チームでやらないとダメだと思うんですよね。

例外は佐藤栄作総理の長期政権のとき。沖縄返還を成し遂げたのは、まさにCPUが機能したからだと言われています。新聞記者から総理大臣首席秘書官に転じた楠田實を中心にした専門家チームが、外交のみならず内政の政策立案や世論対策まで幅広く担い、佐藤政権を支えたんです。

こういうことは、一人ではできません。ましてSNSの影響力が広がっている昨今、トップ一人には見えない世界が無数にあります。それを専門で分析する人が必要でしょう。あるいは国会対策の専門家、ジャーナリズムの専門家なども集まってお互いの知見を交換する。こういうチームが機能すると、作戦が全体として体系的になってくるわけです。

キム　つまり秘書や政策専門家や各分野の識者などを集め、総合的に自分のポリシーを打ち出していくということですね。

竹中　実は私が小泉政権で大臣になったとき、**コロンビア大学のジェラルド・カー**

ティス教授からアドバイスをもらったんです。「ヘイゾー、ストラテジーミーティングをやってるか」と。

そこで私は、官房長官と副官房長官、担当大臣に働きかけて、そういうミーティングの場を作ったんです。**小泉政権版CPUですね。これを毎週開いたんです。**ちなみに当時の副官房長官は安倍さんでした。

キム　週一でストラテジーミーティングってすごい頻度ですよね。

竹中　それも毎週日曜日の夜九時から。財界人にも入ってもらいましたが、この時間なら接待ゴルフの後でも集まれる。それにメディアにも気づかれない。日本の新聞記者はジャーナリストではなくサラリーマンだから、日曜の夜は休むんです（笑）。

キム　なるほど。考えられましたね。

竹中　小泉内閣が終わったとき、安倍さんが「この毎週やっていたミーティングがメディアにバレなかったのは奇跡だね」とおっしゃっていた。これは本当に貴重で有意義な時間でした。

キム　メンバーそれぞれの視点や考えを持ち寄って、総合的に討論していたんですね。その結果を政策に反映できたと？

竹中　そうですね。「これは『官房長官から総理にお伝えください』」とか、「これは官房副長官から外務省に落としておいてください」とか。そういうことを毎週やっていた。むしろ**このストラテジーミーティングがなかったら、改革なんか絶対にできなか**

ったと思うよ。

キム　普段、閣僚同士でざっくばらんに集まってちょっと話しましょうとか、そういうことはあまりないんですか?。

竹中　それをやると、メディアの記事になってしまうわけですよ。

キム　なるほど、ちょっと倒閣を考えてるんちゃうか、と。

竹中　おっしゃるとおり。だから公人というのは、すごく行動を制約されるんですよ。官房長官と毎週会っているなんて知られたら大変なことになる。だから日曜日の夜九時だったんです。

3 ∨ 人を動かす思考術

「リアリズム」が重要——完璧は目指さず、基本は外さない

キム　時代遅れのルールを壊すには、政治に革新勢力が必要です。ところが日本の政治を見ていると、自民党にしても、これが読まれる頃には崩壊している気がする民

進党にしても、既得権益の支持基盤に支えられている。つまり、そもそも改革政党になれるわけがないですね。

先生は小泉政権下で既得権益とさんざん戦ってこられましたが、どんな手を使われたんですか？

竹中　特別なものは何もないですよ。ただ、かつてアメリカに留学したとき、**国際関係論の授業に出て強烈に学んだのは、「リアリズム」の概念です。とにかくどんな議論でも、リアリティがなければ意味がないと。**政治におけるリアリズム、経済におけるリアリズム、国際関係論におけるリアリズム。

これがすごく重みを持っていたんです。

キム　すごくよくわかります。

竹中　ではリアリズムとは何か。一〇〇人いれば一〇〇通りの考え方があるわけです。その中で、自分が一番いいと思っている一〇〇点満点の成果なんて絶対に取れないんです。とはいえ四〇点では困る。七五点から八〇点くらいは取りたい。それを考えるのがリアリズムなんです。

ちょっと別の言い方をすると、「ディシジョンツリー（樹形図）」というものがありますね。意思決定のための選択肢を図化したものですが、例えば郵政について「民営化するか否か」「分社化するか否か」「民間経営者を入れるか否か」という二択の選択を三回繰り返すだけで、二×二×二で八通りの改革案ができるわけです。五回のディシジョンツリーだと三二通り、一〇回だと一〇二四通りになりますね。

これだけの選択肢をくぐり抜けるのですから、**自分が考える最善の案に到達する可能性はまずゼロでしょう。しかし実現度が四〇パーセントにも達していないようではダメ。やはり七〇〜八〇パーセントぐらいまでは持っていきたい。**

そこで何が重要かというと、答えは簡単。基本的な部分を外さないということです。細部は譲ってもいいんですよ。

キム　それがまさに、先ほど話に出た小泉さんの姿勢だったわけですね。

竹中　そう。対照的なのが学者ですね（笑）。とにかく自分の理論が一番正しいと思い込んでいるから、一〇〇パーセントじゃないと気がすまない。これはリアリズムを欠いているわけです。

キム　そうですね。だから現実では役に立たないと。その点、先生はいい意味で学者肌じゃないわけですね。

意見を通したいときはプルーラルボイス（多数の声）で戦え

キム　少し前なら「大阪維新の会」が革新勢力に育つ可能性があったのに、いつの間にか一番組んではならない石原慎太郎さんに絡め取られて、沈没しちゃった感じです。まさに自爆ですよね。

竹中　そのとおり。当時、堺屋太一さんと私は維新の会といろいろやりとりがあったので、橋下徹さんにさんざん言ったんです。石原さんに会っちゃダメですと。

キム　橋下さんにはどんな意図があったんですか？　石原さんの率いていた太陽の党というのは、どう考えても保守の中でも一番古くさい、改革と正反対の集団でしたよね。

竹中　橋下さんは大阪では自信を持っていたけれど、東京や国政では心配だった。

キム　そこで東京に強い地盤を持つ人と組もうと。しかし往々にして、会う時点でダメな人っていますよね。

竹中　おっしゃるとおり。会う時点で取り込まれてしまう。しかも一対一で会うならまだしも、一対三ぐらいで会ったんですよ。これは絶対ダメです。

キム　これは一般のビジネスにおいても言えることですね。もう会うこと自体で勝負が決まってしまうことはよくあります。まして多勢に無勢では勝負になりません。

竹中　戦うために、数というのはすごく重要な要素ですね。プルーラルボイス（複数の声）が大事なんですよ。

だから私は経済財政政策担当大臣だったとき、経済財政諮問会議に参加する四人の民間議員には、かならず意見を合わせて述べるようにお願いしていました。**大臣が役所の意向を受けて保守的なことを言っても、四人が声を合わせて反論すれば勝てる。**そうすると小泉さんが四人の意向を支持するわけです。

キム　これもビジネスの世界と同じ。「どうせ俺が一人で言っても上司に握り潰される」と思っている若い人は、仲間を数人集めて言えばいい。それで上司のメンタリティが変わるし、職場の流れも変わるでしょう。

竹中　特にトップに立つ人は、いろいろな人がいろいろなことを言ってくるので、判断を迷うわけです。そのとき、**わりと信頼できる二～三人が同じことを言うと、相場感が決まる**んです。

キム　たしかにそうですよね。先生も小泉さんに何か言いたいときには、やはり周囲の二～三人を仕込んで複数の声にするというアプローチを取られていたんですか？

竹中　もちろんそうです。

キム　私はいつも思うんですが、だいたい学者の人ってコミュニケーション能力がなかったり、政治力がなかったりして、机上の限定的なデータをもとに語るだけのタイプが多いですが、先生は違いますよね。

会社などの組織を束ねてマネジメントをされたという経歴は見当たらないのに、国家という巨大で複雑な組織を動かすまでになっている。そのマネジメントセンスというか、戦略家としての一面はどこで磨かれたんですか？

竹中 見よう見真似ですよ。学生に優秀な人がいてね、それを見習ったんだ（笑）。

キム あ、例の「グローバルエリート」のことですね。やはりそうでしたか（笑）。

4 人間関係力を高める五つの方法

話を繰り返し、共感を伝える

キム ハーバード大学が行った有名な調査があります。卒業生の人生を何十年も追跡し、いくつかのカテゴリーに分けて人生の幸福度を比較したんです。それによると、まずＩＱで比べた場合、ＩＱ一一〇の人とＩＱ一五〇の人の幸福度は変わらなかったと。

また、年収一〇万ドルの人と一〇〇万ドルの人を比べた場合も変わらなかったらしい。**一番大きな差がついたのは、身近な人と良好な関係を築けているかどうか。これが、幸福度に圧倒的な影響を与えていたん**です。

結局、人生で一番大切なものって、身近な人と温かな信頼関係を築くことなんですね。ところが、それに対する勉強や配慮の足りない人が多いんじゃないでしょうか。**一方で、人生にとって実はさほど大きな要素ではない頭のよさやお金のために時間を費やしすぎている人があまりに多い**気がします。

竹中　たしかにね、高校や大学で身近な人との人間関係についてレクチャーしてくれる授業やテキストって、意外とないんですよ。

キム　ないですね。**国際関係論とか壮大な話はあるのに、「隣人関係論」のような話は聞いたことがありません。**

竹中　この分野については、私の中で一つの大きな教訓があります。以前環境大臣をされていた、心療内科医でもある自民党の鴨下一郎さんに教えていただいたんですが、**「相手の話を繰り返す」ということ**です。

例えば疲れて家に帰ってきたとき、奥さんに話しかけられても「あ、そう、それで?」というつっけんどんな反応になりがちです。これが原因でケンカになることもよくある話でしょ。

そこで、奥さんに「今日、こういうことがあった」と言われたら、「そうなんだ、こういうことがあったんだ」とリピートして返す。「近所のスーパーで〇〇が安かった」と言われたら、「へえ、〇〇が安かったの」と答えるわけです。鴨下さんによると、「それだけでいい」とのことです（笑）。

キム　そうそう、それで満足してもらえるんですよね。男女では脳の構造が根本的に違うという話をよく聞きます。女性は基本的に解答を求めないと。相談しても分析や正解がほしいわけではなく、共感を求めているわけですよね。

「名前を呼ぶ」ことで、パーソナライゼーションをはかる

竹中　もう一つ、**相手との関係を良好にするという意味では、相手の名前を呼ぶということも重要**です。これについてはアメリカ人がすごいよね。

キム　しかもファーストネームで呼びますね。

竹中　そうそう。「グッモーニン、ヘイゾウ！」とかね。日本人はほとんどやらないけれど、これはお互いに共感までは至らないにしても、緊張をほぐすという意味ではすごく効果的です。

キム　たしかに名前で呼ばれると、個人として相手に承認されたという感じがしますね。

竹中　余談ですが、実はこの戦術を上手く使っているのが宗教団体の勧誘らしい。例えば病院の待合室で、困っている人や落ち込んでいる人に「どうしたんですか？」と話しかけ、名前がわかったら「そうなんですか、キムさん。わかりますよ、キムさ

ん」とあえて名前を連呼するそうです。

キム　そう言われると、すごく親身になってくれている気がしますね。

竹中　是非はともかく、これもテクニックの一種なので、日本人ももう少し活用したほうがいいと思いますね。お互いに距離感が近づくし、それで自分自身も変わっていくからね。

キム　たしかに日本では、パーソナライゼーションというのが根づいていません。例えばアメリカとか海外の大学ならかならず名前のプレートがあるのに、日本の大学にはないですよね。

それに、欧米の一流ホテルだと、フロントの人が客の名前をいきなり呼んだりしますね。個人情報が漏れているのかって思うぐらい。

竹中　そう。フロントの人はよく知っていますよね。

キム　日本でも、かつて田中角栄さんはすごかったそうですね。記者だろうが陳情客だろうが、会う人の名前をひたすら覚えたとか。あるいは国会議員のテクニックとしても、記者会見などでできるだけ記者の名前を呼ぶようにするというのは、けっこう浸透しているそうですね。それで親近感を持ってもらって、記事を書く際はちょっとお手柔らかにと。

いずれにせよ、**相手の名前を呼ぶというのは、人間関係を作る上でもものすごくグローバルに通用するテクニック**だと思いますね。

ポジティブな言葉で質問しよう

竹中　それにアメリカだと、月曜日の朝の職場で「週末、楽しかった?」とか聞くのが当たり前ですよね。

キム　絶対に聞きますよね。

竹中　質問することがすごく大事なんです。一人で何かを判断する場合でも、まずは自分への問いかけから始まりますね。「今日は会社にどんな服を着ていこうか」と自分に問いかけて、「これにしよう」と決める。問いかけがあるから、私たちは頭を使い、気を配るわけです。

実は国会の答弁というのも、回答を書くより、質問を作るほうが難しいんですよ。よくわかっていないと質問できませんからね。

キム　質問の仕方も大事ですよね。

竹中　すごく大事。**答えが「イエス」か「ノー」になるような聞き方をしてはいけない。**これは相手を圧迫するだけです。そうじゃなくて、「What」「How」「When」と聞いていくことですね。「何が一番楽しかった?」とかね。

しかも、それを**ポジティブな言葉で聞くことも大事。**楽しかったことや嬉しかったことなら、相手も答えやすいし、聞いている側も楽しくなりますよね。

そうやってお互いの関係を活性化していくことが、クリエイティビティを生み出すんだと思います。これがクリエイティブな発想につながっていくわけですね。

CNNの伝説のアンカーマンも実践していた「相手に関心を持つ」こと

キム　特に先生の場合、いろいろな国のいろいろな立場の人と緊密な信頼関係を築いていますよね。その社交術の極意のようなものは?

竹中　そんなもの、何にもないですよ。それはキムさんのほうが得意でしょ?

キム　私、けっこうすごいですよ。特におばあさんと子どもにはよくモテるんです(笑)。

私、高校時代にCNNのアンカーマンのラリー・キングが好きだったんです。「コミュニケーションのキング」として知られていたんですが、たしかにインタビューが上手いなあと思って。それで、著書を取り寄せて読んでいたんです。立派な高校生でしょ。ちなみに当時、よく読んでいたのが「週刊プロレス」と「アクアライフ」という熱帯魚の雑誌と、ラリーキングの本という、かなりの振れ幅でした(笑)。

その彼が本の中で言っていたのは、「**一番重要なのは、相手に関心を持つことに尽**

きる」と。たしかにそうですよね。これはいろいろな人に共通する話だと思いますが、例えば元アメリカ大統領のビル・クリントンは、会った相手に「自分こそがクリントンにとってもっとも重要な人物だ」と錯覚させるコミュニケーション術に長《た》けていたと言われています。それだけ**「私はあなたに関心がある」という姿勢で会っていた**ということでしょう。

これは、社交や人間関係を作る上で、一番重要なことだと思います。そのためには、常に好奇心の幅を広げておく必要がありますが。

竹中　そうですね。とにかく人と会うとき、背伸びしても絶対ダメですよね。**自分が一番言いたいことを言い、聞きたいことを聞く。**それに尽きます。だいたい自分が知りたいことは、相手も気にしていることなんです。コミュニケーションとは、その積み重ねだと思います。それは相手に関心を持つということでもありますね。

根幹で共感できれば、会話も自然にはずむ

キム　まったく同感です。だいたいコミュニケーションが下手な人は、総じて「聞くための質問」をする。本当は大して関心がないけれど、沈黙を埋めるためだけに聞いている。これはお互いにとって時間のムダでしかありません。しかし、得てしてそういう会話が多いですね。

竹中　同感です。だからやはり、まずは相手に関心を持つこと。そしてこねくり回して考えず、シンプルにベーシックに考えること。これも重要で、**先ほどの「根幹を誤らない」という話と共通します。根幹で共感できれば、あとはどんな会話でも、わりと自然にできると思いますね。**

キム　つまり基本的な問題意識やビジョンのようなものが一致していれば、話も噛み合ってくると。

竹中　そうです。例えばアメリカ人と話すとき、こちらには語学のハンディキャップがあるわけです。だからこそ、シンプルにベーシックに話さなきゃいけないんですよ。キムさんもそのあたりはよくわかっていると思いますが。

キム　ロジックの崩壊は、英語という言語だとモロに出てしまいますからね。だから構造的にポイントを絞って、パッパパッパッと言わないと「あんた何言ってんの？」ということになります。

でも、そうは言っても我々はビジネスの世界だから、ビジネスの機会さえあればブロークンイングリッシュでも何とかなるんです。それに対してアカデミックの世界って、特に東海岸になればなるほど、ネイティブイングリッシュかどうかですごくハンディキャップを付けられるんじゃないですか？

竹中　いや、逆にアカデミックになればなるほど、中身をきちんと評価してくれるんですよ。価値のある論考を提供できるかどうかがすべてですね。

章末ミニ放談

おもしろさより吸収力

コミュニケーション能力の神髄を、売れっ子芸人に学ぶ

キム　先生、覚えておられますか。学生時代、私が就職活動の相談で「投資銀行かコンサル、どちらにしたらいいですか？」と伺ったら、「吉本興業に行ったらどうや」と（笑）。「明石家さんまや島田紳助がいくら稼いでいるか知ってるか」なんておっしゃったんですよ。

「それ、適当すぎませんか？　一応私の人生がかかっているんですから」と文句を言った覚えがあります。

竹中　そうだったっけ。そういえば私は以前、吉本興業の社長だった中邨秀雄さんと対談したことがあります。おもしろかったのはテレビの話。吉本はテレビに出るために東京に進出してきたわけですが、テレビで「ウケる」人には条件があるというんです。

その一つは、**圧倒的に露出度が高いこと。**いくら明石家さんまさんでも、画面に映っている時間はそんなに長くない。では一番長く映っている人は誰か。それはマラソ

ンの先頭を走っている選手だって言うんですよ（笑）。

キム　それはNHKパワーですね。ずっと中継しているから。

竹中　無条件に二時間あまり先頭ランナーを撮ってるからね。こんな番組はないと。だから、ワッとおもしろいことを言って少しでも露出度を高くしないとダメなんだ、と言うんです。

ただし、**露出だけでもダメで、その裏に清潔感がないとダメなんだと。**視聴者に嫌悪感を持たれたらアウト。

その点、**明石家さんまさんはどんな下ネタを言っても妙なさわやかさがある。**だから人気があるんだそうです。

キム　よくわかります。実は私、「黒歴史」がありまして、高校生のときにお笑い番組のオーディションを受けて落ちたんです。

それで、落ちた理由をディレクターに聞いたんですよ。「私が一番おもしろかったのに、何でダメなんですか？」と。

そうしたら教えてくれました。長く売れている芸人の特徴というのは、おもしろいかどうかではなく、ずっと見ていたいかどうかだと。たしかに当時の持ちネタであった「裸の大将のモノマネ」はきつかったかな、と（笑）。

竹中　そうなんだよね（笑）。だから清潔感が大事なんだ。

それともう一つ、テレビでウケる条件があると言うんです。

昔は一つの芸で当たったら、それで一生食えた。

例えば横山エンタツ・花菱アチャコというのは、「早慶戦」という漫才一つで全国を回るから、ずっと食えたんです。

でもテレビは、同じネタをずっとは使えない。だから**どんどん新しいものを吸収できる人間じゃないとダメ**なんだと。

キム　賢くないとやっていけないということですね。

竹中　だから中邨さんは、東大を出た人は無条件でタレントにすると言っていました。多分、吸収力は高いだろうという理由でね。

そのときに例に出したのが、笑福亭鶴瓶さん。中邨さんが言うには「あいつはすごくおもしろいわけじゃない」と。でも長く一線で活躍しているのは、吸収力が抜群だからだそうです。

たしかにそうですよね。昔は大きなアフロヘアがトレードマークでしたが、今はすっかり「いいおじさんキャラ」になっている。

時代や年齢に合わせてどんどん変化していったわけですね。

キム　この話はお笑い芸人のみならず、あらゆるビジネスパーソンに共通しますね。もう知識だけでやっていける時代じゃない。**お笑いもビジネスも、吸収力がその人の生産性を決める**ということなんでしょう。

第2章まとめ

時代遅れ⑦　リーダーに必要なのは絶対的なカリスマ性

⬅

生産性を高める法則⑦　茶目っ気とパッション、包容力を持ち、多様性を受け入れるリーダーシップを目指せ

小泉元首相の強みは人に愛される茶目っ気、安倍総理の強みは包容力にある。共通するのは、周囲がついてくるパッションを持ち、高いフォロワーシップに支えられていること。

時代遅れ⑧　リーダーは「個人の資質が優れた個人商店」

⬅

生産性を高める法則⑧　専門家が集まる「ＣＰＵ」を作れ

自身の「ストラテジーチーム」を持つリーダーは強い。自らの弱点をサポートしてくれる仕組みを作ることが大切。

時代遅れ⑨ **経験値の高い年長者の言うことを聞け、という「上から目線」**

⬅

生産性を高める法則⑨ **若者の想いに共感し、その自己実現をサポート**

人口が減り、若手が引く手あまたで貴重になる新時代。若い人がリーダーのパッションに共感し、気持ちよく働いてくれるようなリーダーシップが必要。

時代遅れ⑩ **何事にも完璧主義で、あらゆる合意に一〇〇点満点の理想を追求**

⬅

生産性を高める法則⑩ **優秀なリーダーは「リアリズム」で考え、プルーラルボイス(多数の声)で戦う**

根幹は譲らずに、七〇~八〇点の仕上がりを目指し、多数の声を集めて主張する。そうしてこそ物事をスピーディに現実的に変えていくことができる。

時代遅れ⑪ **沈黙を作らないための会話のテクニックを磨く**

⬅

生産性を高める法則⑪ **根幹で共感できる会話が大切**

自分のロジックをしっかり持っていれば、細かなことは気にしなくても実のある会話ができる。相手の名前を呼ぶ、質問する、相手に関心を持つことも重要。

章末ミニ放談

おもしろさより吸収力――コミュニケーション能力の神髄を、売れっ子芸人に学ぶ

人に好印象を与えるには、清潔感と状況に合わせて変化し続ける姿勢が必要。その根底にあるのが吸収力。

第3章

高齢化社会2.0を生きる

生産性の高い高齢化社会のありかた

1 「貧しい老後」を迎えないために

高齢者間で、貧富の格差が拡大——「リカレント（反復）教育」で所得格差は縮小する

キム　日本は高齢化社会のトップランナーです。高齢化社会というのは、格差社会とも関連が深いですよね。一般的に、高齢者は豊かなのにお金を使わず、逆に若い人はお金を使いたいが、貧しい。だから世の中のお金も回らない。

これも日本の経済成長を押し下げている要因の一つだと思います。この貧富の格差を何とかしないと、内需の本格拡大は望めません。

これを打開するには、**使い切れないほどのお金を持っている人から、持っていない人たちに移転する仕組みを作る必要がある**のではないでしょうか。先生はどう思われますか。

竹中　それはすごく難しい課題ですね。同じ世代でも、**高齢になるほど貧富の格差は拡大します。**

大学を出た時点での給料はあまり変わらなくても、その後はキムさん

のように大成功する人もいれば、そうではない人もいるからね（笑）。

では、高齢化社会の中でみんなが豊かな老後を過ごすためにどうすればいいか。基本の解決策は一つです。若いときにちゃんと稼げ、と。

キム　高齢になるとどうせ稼げなくなるから、若いうちにできるだけ稼いで自分で老後に備えろと。

竹中　そうそう。「人生百年時代」とよく言いますが、それは**稼げる時間も長いけれど、リタイアした後の時間も長いことを意味します。**そのリタイア後に備えるのは、なかなか大変だと思います。

キム　それだけ**「生き残るリスク」が高まっている**ということですよね。

竹中　そうです。**生命保険は「死ぬリスクに対する保険」ですが、年金というのは「生きるリスクに対する保険」。そのリスクを本当に感じるなら、年金制度に文句なんか言わないで、個人年金に入ればいい。**これはリタイア後に備えて貯めるということだから。

つまり、しっかり稼いでしっかり貯めることが人生の基本なんです。これはちゃんと正面から受け止めるべきだし、学校でもそう教えるべきだと思いますね。

キム　ただ先生、自分で稼げる人なら「そのとおり」と思うでしょうが、世の中には別に怠《なま》けているわけでもないのに、自分でそれほど稼げない人、いわゆる社会的弱者と呼ばれるような人もたくさんいるわけです。

その人たちは「しっかり稼げ」と言われても、困ってしまいますよね。
竹中　そこでこれから重要になってくるのが、リカレント（反復）教育なんです。これに対しては政府も補助金を出していますからね。
キム　どういうものですか？
竹中　要するに**社会に出た後、年齢に関係なく、もう一度学び直そう**ということです。今、そのニーズはすごく高まっています。これだけ労働力不足が深刻で、なおかつ第四次産業革命で新しい分野の技術や能力が求められていますからね。**リカレント教育を受けて所得を上げる可能性は、きわめて高い**んです。
あとは、先ほど述べたベーシックインカムの制度を整えることでしょう。つまり、すべての国民の最低所得を国が保障しましょうと。

中間所得層から低所得層への富の移転が進んでいない

竹中　なお、**所得移転について言えば、日本の大きな問題は、ふつうに稼いでいる人がちゃんと税金を払っていないこと**です。意外に思われる方が多いと思いますが、日本はいわゆる中間所得層の税率がものすごく低いんですよ。国民もこの部分はちゃんと納得して、払うべきものは払わなきゃいけないと思いますね。
その上でベーシックインカムという究極のセーフティネットを用意して、多くの人にチャレンジを促し、それを助けるリカレント教育を手厚くする。格差対策としては、これ以上の正攻法はないですよ。

キム　もう一つ思うのは、例えば先生のように、これ以上稼いでどうすんのみたいな方もいるわけですよね。

竹中　何を言ってるんですか（笑）。

キム　アメリカのように、そういう人がもっと寄付するような文化があってもいいかと思います。例えば韓国でも、私の友人のお金持ちの中には、けっこう多額の寄付をしている人が多いんです。キリスト教文化の影響も大きいと思いますが。

その点、日本には寄付文化が定着していませんね。先生がよくおっしゃる寄付金の税額控除の制度もないし。だから富の移転も起こりにくい。それで結局、格差が拡大するんじゃないでしょうか。

お金をこれ以上持っていても仕方のない人たちから、明日の生活費にも困っているような人たちへ富の移転を起こさせるには、他にどんな手段が考えられるでしょうか。

竹中　一番いいのは税制ですよ。すでに今、**所得の高い一部の人には非常に高い税率が課されているでしょ。その人たちから見ると、すでに富は移転している**んです。しかし**社会全体として見ると、中間所得層があまり税金を払っていない。**だから移転が進んでいないんだと思いますね。

キム　**中間層から貧困層への移転が足りないんだと。**たしかにお金持ちからの富の移転ばかりを主張していたら、共産党と同じですからね。

相続税を見直し、自分で資産の使い道を決められる「寄付枠」を設けよ

竹中　もう一つ重要なのは相続税の見直しだと思います。**私は相続税に反対なんです。これも所得税の二重取りだから。**

キム　国内で資産を持っていて取られるなら、海外に持ち出す人が増えるだけですよね。

竹中　そうそう。だから、その分所得税を上げればいいんです。**所得税を上げて、その代わり相続税を減らす。ないしは相続に関して特別な寄付枠を設ける。**

キム　それがいいと思います。相続税をなくすということに関しては、「お金持ちをさらにお金持ちにするだけ」とか、「中間層が苦しくなるじゃないか」という批判が起きることは目に見えています。おそらく政治的にも難しいでしょう。

しかし、**せめて資産をもっと寄付しやすくするとか、自分で使い道を選べるようにしたほうがいい**ですよね。

竹中　そうですね。しかし、財務省は大反対するでしょう。

キム　**むしろその財務省の反対にこそ、世間の批判の矛先が向かうようになればいい**

いですね。国に持っていかれてムダに使われるくらいなら、未来の子どもたちの教育のために使いたいという資産家はたくさんいますからね。相続税として一〇〇億円を取られるより、例えば全国に保育園や幼稚園を一〇〇個作りたいとか。

竹中　**要するに誰がトランスファー（移転）先を決めるかという問題なんですよ。自分の資産なら、自分でトランスファー先を決められますね。**自分の子どもや孫のために使うのもいい、社会のどこかで役立てたいと考えるのもいい。ところが相続税として財務省に入ってしまうと、そのトランスファー先は政府が決めることになります。

キム　自分の努力の結晶である資産の使い道を、なぜ財務官僚に決められなあかんのやと。

竹中　そういうことです。だからせめて、ある程度の税金を払ったら、その一部については自分で使い道を指定できる制度があってもいいですね。一〇パーセントは学校教育に回してくれとか、地域の環境整備に使ってくれとか。すでに「ふるさと納税」のような制度はありますが、もう少し拡充してもいいと思いますよ。

2 超高齢化する日本で、持続可能な社会保障の形
富裕層への年金支給は不要

日本は年金は手厚いが、若者への支援が圧倒的に足りない

キム　負担の問題はよくわかりました。次は給付の問題です。日本の社会保障制度は、もはや持続可能ではないですよね。将来もっともリスクとなる部分だと思います。一般から見るとそういうイメージなんですが、先生的にはいかがですか？

竹中　おっしゃるとおりです。これを改革しないと。特に重要なのは、高齢者の医療保険や年金給付を多少削ってでも、若い世代に対する社会保障をきちんとやりましょうということです。

日本の歪みは、数字で見ると明らかです。**年金の規模の対GDP（国民総生産）比を見ると、日本はイギリスより多い。医療も、OECD（経済協力開発機構）の平均よりもはるかに上回っている。**ところが、**若い世代の社会保障、子育て支援なども含めた家族政策に向ける予算は、対GDP比でイギリスの四分の一しかない**んです。

キム　これは衝撃的な数字ですね。

竹中　今、例えば産休を取れるのは、基本的に会社の支援があるからです。自営業の人なんかは産休がない。しかし、本来はどのような働き方をしている人でも、ちゃんと社会で面倒を見るべきですよね。

子どもを産み、育てる機会を増やして、その間はしっかり社会保障をしますよと。そういうことをやるために税金を上げるのなら、私は大賛成しますよ。

ところが今は、高齢者に一律で年金が支給される制度になっている。私や財界のトップに年金が出ているくらいですから。

キム　先生に年金は間違いなく必要ないですね（笑）。

竹中　これからいるかもしれないけれど。でも、例えば経団連の会長には、いらないよね。

年金支給開始年齢の引き上げは必須——一九六〇年代の平均寿命を基準にするのは時代錯誤

キム　では具体的に、年金制度をどう改めますか？　まず、**富裕層の高齢者に払う必要はない**だろうと。次に**支給開始年齢の引き上げ、そして給付金額の引き下げも当たり前**じゃないかという気がします。この三本柱くらいになるわけでしょうか。

竹中　それがマストですよね。**国民皆年金制度が始まったのは、一九六〇年（昭和**

三十五年）なんです。その当時の日本人の平均寿命は六十六歳くらい。しかし、二〇一六年の日本人女性の平均寿命は約八十七歳。その年齢まで生きるとすると、二十二年間も受給し続けることになる。

こんな長期にわたって年金をもらえる国なんてないですよ。

キム　そのうち自分が働いた時間よりもらう時間のほうが長くなるんじゃないかと。

竹中　そうなんですよ。だから支給開始年齢は引き上げないといけない。

余談ですが、『ALWAYS 三丁目の夕日』という映画があったでしょ。見た若者が「あの頃はいい時代だったな。今の時代は年金も危うくて不安だらけ」などと言っていましたが、あの映画の舞台は昭和三十三年です。つまり、まだ国民皆年金の制度そのものがなかったんですよ。

キム　それにしても、先生が**「ネガティブ（負の）所得税」と「若者の社会保障」をキャッチフレーズにしたら「カネ無き若者の味方・竹中平蔵」ブームが起きるんじゃないですか。**世間からはずいぶんネガティブなイメージを植え付けられているようなので（笑）。

竹中　でも、ネガティブなキャンペーンというのは、けっこういいんですよ。ものすごく宣伝してくれるから。例えば、これまで経済財政政策担当大臣をやった人の名前を何人言える？

キム　そういえば先生以外は記憶にありませんね。先生の場合は、宣伝が一生いらないくらいメディアが名前を売ってくれましたもんね。

竹中　小泉さんが言ってたんだけど、「竹中さん、悪名は無名に勝《まさ》るんだよ」と。たしかにそのとおり。私は別に、世の中から褒められたいとか、いい人だと思われたいという目的で仕事をしていたわけじゃないですから。

3 健康寿命を延ばすための最強の習慣

野菜と一日一時間の散歩。シンプルだが名医が実践

キム　高齢化といえば、健康に対するニーズものすごく高いですよね。それも、多くの人はただ長生きするだけではなく、できるだけ生産的で活動的な日々を送りたいはずです。社会全体の医療費負担を抑える意味でも、これはすごく重要なことだと思います。

この健康長寿という問題について、世の中ではいろいろな人が様々な説を提唱して

います。しかし本当のところはどうなんだというのは、よくわからないですよね。

実は今、二〇一八年五月に出版して即ミリオンセラーになるはずの（笑）『最強の健康法』（仮題・ソフトバンククリエイティブ）という本を書いています。その取材で非常に数多くのお医者さんから伺ったのですが、結局は一人一人違うんだから、一概に言うのは間違っていると。それに尽きるとのことでした。

たしかにそうですよね。たんぱく質が必要な人もいれば、ビタミンが必要な人もいる。中には脂肪が必要な人もいる。人によって違うのに、「絶対にキノコを食べなさい」とか「納豆がいい」とか、万人に効くはずないですよね。


ただし、多くの名医が実践する健康法がないわけではありません。医者や関連企業などが運営しているNPO法人「アンチエイジングネットワーク」というのがありまして、私はその理事長をされている塩谷信幸先生（北里大学名誉教授）にお話を伺ったんです。塩谷先生は八十六歳らしいのですが、大変シャキッとしておられました。またお父さんもお医者さんで、百歳まで生きられたらしい。

で、「さすがにアンチエイジングネットワークのトップは違いますね」という話をして、その秘訣を伺ったのですが、きわめて簡単な答えでした。「**一日一時間歩くこと、ゆで野菜を調味料なしで食べること。これに尽きる**」とおっしゃったんです。

竹中　たったそれだけ？

キム　実は他のお医者さんに聞いても、答えは同じようなものでした。「東大医学部で何年研究しようが、健康のためにできることは結局これしかないんですよ」と。特に一日一時間歩く効用がすごいんです。

ちなみに、先生は何か運動をされていますか?

竹中　今はあまりやっていません。でも私は六十八歳からやろうと思っているんですよ。というのも、キッコーマンの茂木友三郎名誉会長が八十歳過ぎですごくお元気なんですが、六十八歳から歩き始めたんだって。だから私も、茂木さんを見習おうと。

たしかに年を重ねると、かならず脚に来ます。それに歩くと肩も動かすし、ストレス解消にもなる。歩くことは本当に必要だと思います。

キム　私も予想外だったのですが、**歩くことがあらゆる病気の予防になる**らしいんです。

例えば、人間の遺伝子は塩基対《つい》が約三〇億個並んでできていますね。その遺伝子が損傷することで最終的に癌《がん》になるわけですが、そこに至るまでには三つの関門があるんです。損傷しても、ふつうはすぐに修復される。これが第一段階です。しかし修復されないと、今度は細胞自体が自殺する。これが第二段階。しかし自殺しない細胞があると、免疫が殺しに来る。これが第三段階です。それでも殺されなかった細胞が、長期間かけて癌細胞になっていくわけです。

癌細胞自体は、一日に何千個も生まれているそうです。しかし三つの関門があるから、たいていは死滅する。問題は、関門をくぐり抜けて大きくなり、転移して制御不能になること。

だから、免疫力を高めることが癌の予防にはものすごくいい。ところが、五十〜六十歳代になったらどんどん免疫力が落ちるんです。それに逆らう方法が、歩くことなんです。歩くことで、免疫力はすごく高まる。これだけ納得感があると、さすがに歩こうかなと思いますよね。

竹中　そうですね。免疫力が大事ですね。

キム　それに、歩くことでセロトニンとかアドレナリンとかドーパミンとか、いわゆる興奮と集中を高めるホルモンが出る。つまり歩くことは脳を活性化するためにもいいんです。かつ、血糖値を抑えることにもなるので、糖尿病の予防にもなる。血流や血管の状態もよくなるから、脳梗塞《のうこうそく》や心筋梗塞の予防にもなる。

だから**結局、一日一時間歩くだけで、癌、糖尿病、脳梗塞、心筋梗塞すべてに予防効果がある**わけです。

生産性を高める座り方とは

キム　それから、予防医学の研究をされている石川善樹先生にもお会いしました。この分野ではたいへん有名かつおもしろい方で、ビジネスパーソンの生産性を高めるとか、歩き方や座り方のベストプラクティスということを研究している方なんです。

石川先生によると、座り方ひとつ取っても、生産性の高い座り方というものがある。人の生産性を邪魔するのは、身体で言えば首と肩の二つらしいですね。たしかに首と肩が疲れると、集中力が下がる。そこで**机に向かってパソコンを打つときは、椅子やパソコンの高さを調節して、肘《ひじ》の曲がり方がちょうど九〇度になるようにすればいい**そうです。

そうすると、たしかに疲れないんですよ。肩に腕の体重がかからないので、ポジションにストンと収まる感じがしてストレスにならない。だからずっと集中力が続くと。

竹中先生はすでに集中力の塊《かたまり》ですけれど、やっていただくとわかると思いますよ。

竹中　いやいや、すごくわかります。人間の頭はすごく重いから、パソコンが低いと前傾姿勢になって絶対にダメなんです。頭を支えるために上半身に負担がかかるから。真っ直ぐにしていれば負担はかかりません。だから高さの調整が大事ですよね。

笑うことで脳が楽しいと錯覚し、ストレスが消える

竹中　健康法といえばもう一つ、これは私の経験則で、脳科学者の茂木健一郎さんにも言われたことですが、「人間は笑うことが大事だ」と。

楽しいと笑いますが、あれは脳が楽しく感じて笑うんです。脳は身体の司令塔ですが、その脳も身体の一部。逆に言うと、**多少無理してでも笑えば脳も楽しくなる**んです。

とにかくストレスが健康に一番よくないので、ストレスフルなことをやめて、いつも笑っていること。私は気分が重いときほど、これを実践しています。**「今日は体調が悪いな」「寝不足だな」と思っていても、意識的に口角を上げていると気分がだんだんよくなってくる。**

キム　たしかに先生、基本的にいつも口角が上がっている印象です。だいたい医者の平均寿命が、ふつうの人に比べて長いわけじゃないですよね。これだけ医療のことを勉強していながら、寿命は一緒。逆にお笑いタレントの平均寿命はふつうの人より長いという研究結果があります。……っていう話ができたらおもしろいんですけど、誰か比較調査してくれないかな（笑）。

4 旧態依然で生産性の低い医療制度

メディアで活躍する医者ほど、信用できない人も多い

キム 先ほども申しましたが、近いうちに『最強の健康法』という本を出すんです。あらゆる分野の最高権威のお医者さんたちや、健康法のエキスパートたちにひと通り話を聞いて、主要な病気全部の発生原因と予防法をまとめた一冊です。どう予防したらよくて、予防してダメだったらどう治療すればよいのかと。ついでにその病気にまつわるヤブ医者の見分け方も聞きました。

竹中 凄いなあ。それ、全部自分で聞いたんですか?

キム そうです。私が様々な人脈をたどってダイレクトに全部インタビューしました。中には天皇陛下の心臓手術を執刀したあの心臓外科医の天野篤先生とか、日本医療のオールスターに登場していただきました。だから今、健康法に関してはかなり詳しいんです。

で、そのついでに、竹中スピリットを受け継いだ者として、日本の医療行政の是正すべき制度は何だと思いますかって聞いて回ったんですよ。先生のように政策の観点から医療を考えてみようと。医療の生産性が上がるということは、効率よく健康になるということです。これも皆、知りたいですよね。

竹中　興味深いですね。

キム　そこでわかったのは、**メディアで有名な医者は、結構怪しい人が多いということです。**実は最初、インタビューの対象は、とにかくメディアによく出演していてベストセラーを出している先生を揃えようとしたんです。ところが、有名なんだから何らかのお墨付きがあるんだろうと思っていたのですが、どうも怪しいことばかり言う人が多い。

いつの間にか自分が売っている謎の食品に結び付けたり、一回七〇万円ほどかかる謎の自由診療の検査に結び付けたりとか。とにかく自分でやっているビジネスにつなげるために、いろいろアピールが激しいわけです。

今度は医療業界で高く評価されている研究者たちに聞いて、わかったんです。結局、メディアに出ている医者って、医療業界の中では軽視されているんだなと。こういう人はどんな業界でもいるものです。例えば金融業界でも、メディアでさんざん名前を売っている人ほど、業界内では全然ダメな人として有名だったりしますよね。

竹中　エコノミストもそうですね（笑）。

キム　それで私、問題意識を感じて、この本のサブテーマを「ヤブ医者の見分け方」にしようと思ったのです。**なぜ、本来スポットライトを浴びてはいけないヤブ医者たちがメディアで受けているのかと。**効果がまったく実証されていない民間療法みたいな健康法が、これほど野放しになっているのは恐ろしいと思います。

金融業界で働いていると、何をやるにしても当局の規制でがんじがらめで、一度でもインサイダーをやったらアウト、業界から撤退させられます。これに対し、お金よりも大事な命を扱う医療業界がどうしてこんなに緩いのか、理解できません。

それでいろいろなお医者さんに聞いて回ったんです。そこでわかったのは、まず政策的には保険診療の問題。効果が証明されていて、保険が効く治療法は、法律で宣伝してはいけないことになっているんです。**どうしてそうなのかと聞くと、全国のどの医者が診ても同じだからだそうです。**よくわからない話ですよね。

一方、保険の対象外である自由診療については、宣伝していいことになっています。だから怪しげな療法がかえって人の注目を浴びるわけです。二〇一七年に亡くなられた、元アナウンサーの小林麻央さんにしても、その二年前にふつうの治療を受けていたら、今ごろは治っていたはずと言われていますね。なのに、まったく効果が証明されていない民間療法にだまされ、頼ってしまった。

だからせめて、科学的に証明されていて、多くの医者がお墨付きを与えている治療法については、もっと宣伝していいはずですよね。私がインタビューした先生方も、許されて然《しか》るべきだとおっしゃっていました。**宣伝しちゃいけないというのが、そもそもおかしい。** これは、「悪貨は良貨を駆逐する」の最たる例でしょう。

そんな問題意識から、この『最強の健康法』を制作しています。医療業界でちゃんと実績のある人たちが集まって、正しい医療情報を提供しようという試みなんです。インターネット上の広告やSNSで、いい加減な情報がものすごく氾濫《はんらん》している。しかし医療情報ほど信頼性が求められるものはありません。そんな危機意識から、「社会のメディカル・リテラシーを高める一冊」を作ろうとしているのです。

突っ込みどころ満載！　日本の医療制度——更新不要で専門外でも診察可能

キム　それから、多くの医者が言っていたのが、**医師免許の更新がないのはおかしい**ということです。自動車の運転免許でさえ更新しなきゃいけないのに、もっと人の命を預かる医師の免許に更新制度はありません。つまりボケようが何だろうが続けられるわけで、これはおかしいよねと。

もう一つは、医師免許さえあれば専門分野以外の治療もできてしまうということです。例えば美容医療の場合、特別なライセンスがなくても医師免許さえあればできる。内科の先生なのに、明日から人の鼻を高くしたりまぶたを二重にしたりできるんです。

つまり**今の医療制度では、怪しい療法ほど宣伝されやすいし、免許更新の必要もないし、専門分野ではないことでもやっていい。**かなり危うい。

それで私、聞いたんですよ。なぜこんな状態が野放しになっているんですか、誰が悪いんですかと。傍から考えると厚生労働省が一番悪い気がしますが、ここにもそれなりに理由があるらしい。

法制度で医療をがんじがらめにすると、新しい医療の芽を摘んでしまう可能性があるということです。それが理由の一つとしてあるそうですが、それにしても無責任に放置されている感じがしますね。ようやく美容外科などのネット宣伝にも、規制がかかりつつありますが。

竹中　**患者と医者とでは情報量に圧倒的な差があるから、患者に関しては何らかの保護が必要**ですよね。

ところで、医療保険制度の場合は、それがすごく極端になっているんです。日本の保険はいい面もありますが、例えばレーシック手術にしても、保険適用として認められているのは、アメリカで言えば二～三年前の技術だったりします。今はもっと安全性の高い技術がアメリカで認められているのに、日本では認められていない。

キム　それに絡んで言うと、多くの医者が言っていたのが、とにかくＦＤＡ（アメリカ食品医薬品局）に比べて薬の認可が遅すぎるということです。だから、海外に行って施術を受ける人がすごく多いらしい。忸怩《じくじ》たる思いだと言ってましたね。

日本の医療制度って、某既得権益団体が反対しているのか、かなり突っ込みどころ満載のことが放置されているなという印象です。

最後まで苦しんで天寿を全うするのも、時代遅れ？——死に方も自分で選べる時代へ

キム　それともう一つ、医療制度上の問題で気になったのが安楽死についてです。私を含め、いざとなったら安楽死を希望する人はけっこう多いんじゃないかと思うんです。

例えばガンの末期になって、管だらけのまま意識も朦朧《もうろう》としていたら、いったい何のために生きているのかと。もちろん本人や家族が望んでいるのなら別ですが、そうでないのなら、莫大な医療費をかけて延命する意味があるのかどうか。

ですから、安楽死を認めてもいいんじゃないかと思います。実際にスイスやオランダなどでは合法化されている。**私だったら絶対に最後の金を振り絞ってそういう国で死にたいと思う。**

特に日本の場合、高齢化が一番進んでいるから、安楽死を認めたら世界のフロントランナーになると思うんですね。「姥捨《うばす》て山2・0」というか。

日本が政策的にリーダーシップを発揮してイニシアチブを取れる分野があるとしたら、不良債権処理と安楽死じゃないかと。

しかも日本では宗教の縛りが弱い分、一番やりやすいとも思うんです。それに、私はてっきり医師会が反対しているのかと思っていろいろ聞いてみたのですが、そうでもないらしいですね。じゃあ後は、誰が音頭を取るのかという問題だけじゃないですか？

竹中　ただそれは、やはりモラルにかかわる問題だから、いろいろなところから反対が出てきますよね。それを押し返すのも面倒だし、責任も負わされたくないという人が多い。だから結局、誰も腫物《はれもの》のように触りたがらないいんじゃないかな。

しかし今後、私のような**団塊世代が老齢化して、猛烈な数の介護難民が出る**でしょう。これは相当切実な問題です。その段階で何とかせざるを得なくなると思いますよ。**いろいろ問題はありますが、命を終えるためのビジネスのようなものも出てくる**

と思う。

キム　安楽死をしたいという人はたくさんいると思います。「ジョイフル・デス」というか、何の痛みもなく、ハッピーな気分で死にたいと願う人もいるのではないかと。

竹中　今の団塊世代はまだ元気ですが、六十五歳を過ぎると、さすがに医療費がドンと増えると思います。私の父親は三年前に亡くなり、母親は九十三歳なんですが、**人間が年老いていくプロセスというのは、ものすごく手間暇とお金がかかるんです。**

人間が生まれてから一人前になるまでには、相当な時間とお金がかかります。老いてから亡くなるまでも、それと同じか、それ以上の時間とお金が必要になる。今までは幸いにしてお年寄りの数が少なかったからよかったのですが、これからは間違いなく介護難民が社会問題になります。

キム　今でも九十歳以上が二〇〇万人以上いるそうですからね。

しかし高齢者の中には、本人はもう長生きしたくないと思っているのに、言わば強制的に生かされている人もいる。そこには本人が望んでもいないのに自動的に多額の医療費が投入されるわけで、明らかに歪んでいる。

この「ダレ得（誰も得しない）医療」を見直すことで、社会保障の多くの問題は解決できるんじゃないかという気もします。

竹中　**ただし、やはり生命にかかわることだから、慎重な議論も必要でしょう。**判断能力のないところで無理やりチューブを外されるとか、粗末に扱われるとか、そういうモラルや犯罪の問題が必ず出てくるでしょうから。

例えば、早く財産を相続したいがために安楽死を選ばせるような人も出てくるかもしれない。だからこそ早く議論して、ちゃんとしたルールを作らないといけないと思いますね。

でも一筋縄ではいかないでしょう。例えば働き方一つにしても、時間じゃなくて成果で賃金を払うという当たり前のルールさえ決められない国だからね。

キム　**死に方に関して、基本的に選択肢を認めないというか、画一的なルールを全員に押し付ける社会ですよね。まさに悪《あ》しき平等思考の象徴**です。

竹中　そうです。これが一番正しい生き方だ、これが一番正しい働き方だ、ということを強制的に決められているんですよ。

キム　しかも、それに大真面目に合わせようとする人が、なぜか大勢いる。特に死に方というのは、生き方と人権のかなり大きなウエイトを占めていると思うんですけどね。「正しい死に方」なんて、政府に押し付けられたくありません。

例えばスイスのYouTubeなどでは、これから安楽死するという人が自分で実況中継していたりします。おばさんが「私、今日死ぬの」とニコニコ笑いながら言って、最後に「大好き」というチョコレートを食べて、二分ぐらいでバタッと逝《い》くんです。

こんな死に方もあるんだな、と感心しましたね。私なら、「とらや」の羊羹《ようかん》を最後に十個くらい食べて逝きたいです。

竹中 生き方と死に方というのは、本当にコインの表と裏ですよね。

時代遅れの葬式と決別
——弔い方のオプションも自由化？ 岐路に立つお寺

竹中 「死に方」といえば、墓の問題もあるよね。これだけ少子化が進んでくると、墓を維持することはものすごいコストになりますから。

キム 墓といえば、本当に日本の悪しきレガシー（遺産）だなと思っているのが、東京のど真ん中の某区にあるあの広大な墓地です。あれだけ広大な一等地があれば、いったい何兆円のマンションが作れるかと思って（笑）。また、「弔《とむら》う場所を金銭で計って、あのユダヤの手先が……」とか書かれそうですが、真意は「**金をかけなくても、安心して死ねるようにしたい**」ということです。

しかも、墓は石代も高い。だから海に散骨するとか、もっと個人の自由にさせたらいいと思うんですよ。別に伝統に則《のっと》り死を弔うのもいいですが、もっと弔い方のオプションを自由化したいですね。

竹中 **散骨というのは、実は法律違反**なんですよ。日本の法律では、埋葬しなきゃいけないことになっているんです。もちろん海に撒《ま》くのも違法。業者は大流行していますが、今は黙認ということになっているんです。

だから私も以前、知人の散骨に行ったことがありますが、「喪服では来ないでください」とか「他の船が通りますから待ってください」なんていう自主規制ルールを作っていました。

キム　まったく旧態依然とした法律ですね。死に方だけではなく死んだ後の弔い方も自由に決められないと。

竹中　それからお寺の問題もある。今のお寺は檀家によって成り立っていますが、これから人口が減ってくれば檀家もなくなってきますよね。そうすると、もうお坊さんの生活が成り立たなくなる。つまり**住職のいない廃寺が次第に増える**と思います。

キム　今のお寺は観光地化で生き残りをかけてますからね。私のところにもそんな話がたまに来ます。空いているお寺に宿坊を建てて、外国人観光客を呼びたいとか。何か怪しげなビジネスも混じってますけど。

竹中　いや、お寺はこれから本当に大変になると思う。だから戒名なんかを付けてもらおうとすると、ここぞとばかりに高い金額を言ってくるんですよ。

私の父が三年前に亡くなったときも、兄と相談して両親が永代供養料まで払っている寺に戒名を頼んだら、「**おたくだったら三〇〇万円ぐらい出してもらわないと**」みたいな言い方をするわけです。兄も私も怒って断りました。

だいたい**戒名というのは、銀座のすし屋のようなものとよく言われます。**相手の懐《ふところ》具合や肩書きを見て値段をつけるわけ。これはそのやり方がサステナブルな時代のシステムでしょ。まして人口が減っていくと、ますます高い値段を吹っかけて、檀家がますます離れていく。これではとても続けられないと思います。

キム　「貧すれば鈍す」の世界ですね。これからどんどん悪徳坊主が増えていくと。親の戒名なんて覚えている人はほとんどいないのに。

不思議なんですが、生前はずっと無宗教でも、死ぬときと生まれるときだけお坊さんにお金をいっぱい払うというのはなぜでしょう？　普段からお寺の住職にお世話になっている人は別として、**レガシー法律やレガシー文化から解放されるだけで、どれだけ生きやすく、そして死にやすくなるか**という話です。

竹中　いいものは残せばいいのですが、残すも残さないも自由だということなんですよ。散骨したい人はすればいいし、やっぱりお寺がいいという人はそうすればいい。そういう選択肢を認めることが大事。何がいい、悪いということをお上が決めないで、ということだと思います。

キム　そうですよね。**画一的なルールを無理やり押し付けるのではなく、オプションを挙げて、自分で主体的な生き方や老い方、死に方を選択できるようにすることが大事**だと思います。

章末ミニ放談

「立体納骨堂」課税大論争に見る、お寺ビジネスの驚きの建前

キム　今後、お寺業界のリストラクチュアリングと言うか、そういう動きがありそうですね。

竹中　今、立体納骨堂のシステムが流行《はや》っている。あれはおもしろいですね。カードを入れるとお骨を納めたお墓が運ばれてくる（笑）。立体駐車場と一緒ですよ。それにお花は常に置いてあるから、何にも持っていかなくていい。お年寄りに聞くと、これはたいへん助かるそうです。

ふつうのお墓に行くときは、花を持っていって古い花と交換しなきゃいけない。それから水を汲《く》んで掃除もしなきゃいけない。これが結構重労働なんです。納骨堂なら、そういう手間から解放されるわけです。

キム　超高齢化時代になったら、**それぞれの高齢者に合わせた、最適な弔い方**のようなものもいろいろ出てくるでしょうね。

竹中　そう。もう一つおもしろいのは、**その納骨堂に税金がかかるかどうかで大論争になったこと。**東京都が都内の納骨堂に固定資産税と都市計画税をかけようとして、宗教法人側が反発していたんですが、結局は課税の対象ということになったんです。

キム　つまりは宗教行為として認めないということですね。もうこれは「不動産業の売り上げ」だと。

それに関連して言うと、おもしろい話があるんです。

お寺は宿坊ビジネスで儲けているところもあるわけですが、そこでは高額の料金を取って例えばヨガ講習とか、座禅の講習とかをやっている。そして駐車場でも観光客からしっかりお金を取っている。果たしてこれは宗教行為なのか、それとも観光ビジネスなのかという話です。

で、国税庁の査察が入るわけですが、お寺側は観光ビジネスとは頑として認めません。例えば駐車場にクルマが入ってきたときに、一回だけサッとお祓《はら》いをする。これが宗教行為だと言い張っているんです（笑）。

これも何か象徴的な光景ですよね。建前で成り立つ世界というか。ここまでくると笑っちゃうんですけど。

第3章まとめ

時代遅れ⑫ 勉強するのは学生時代だけ

⬅ **生産性を高める法則⑫** リタイア後の「長い人生」に備えて、いくつになっても「リカレント（反復）教育」を

今や働いている期間よりもリタイア後の期間のほうが長くなる時代。「生き残るリスク」に備えよう。

時代遅れ⑬ 高所得者だけが、貧困高齢者を養うべき

⬅ **生産性を高める法則⑬** 中間所得層への税と相続税を見直し、年齢に関係なく公平な負担を

高所得層から貧困層への所得移転はすでに進んでいる。中間層から低所得層への所得移転こそ進めるべき。

時代遅れ⑭ 一律的に高齢者を保護する国民皆年金制度

← **生産性を高める法則⑭**　**高齢富裕層への年金支給をやめ、若者への支援を増やせ**

日本の若者支援の対ＧＤＰ比はイギリスのわずか四分の一。富裕層への年金額引き下げや支給開始年齢の引き上げなどで、年金制度にかかるお金を若者支援へ振り分けよ。

時代遅れ⑮　**不健康に老いる辛い老後**

← **生産性を高める法則⑮**　**健康長寿を全うするのに大切なのは、正しく食べ、正しく歩き、正しく座り、よく笑うこと**

一日一時間の歩行と薄味の野菜食が免疫力を高める。座り方も見直せば、身体への負担が軽減される。多少無理してでも笑えば、脳が楽しいと錯覚する。

時代遅れ⑯　**メディアに出ている有名な医者を信用してしまう**

← **生産性を高める法則⑯**　**メディアの医療情報を鵜呑《うの》みにせず、メディカルリテラシーを高める**

怪しい自由診療は自由に宣伝できる一方、効果が証明されている保険診療の宣伝は禁止されている。メディアでの医療情報は間違いだらけと心得よう。

時代遅れ⑰　医師免許を一度取ってしまえば、何十年でも医者でいられる

⬅

生産性を高める法則⑰　医師免許を更新制にし、薬品や治療法の認可をスピーディに

知識や技術をアップデートしない医師でも治療できてしまうのが日本の現状。一方で最新の治療法や薬品の認可は非常に遅い。

時代遅れ⑱　苦しんででも、命尽きるまで延命するのが幸せだ

⬅

生産性を高める法則⑱　安楽死の制度化について、真剣に議論を始めよう

本人の希望にかかわらず、管につながれて生きる時間のために、莫大な医療費が投入されている。末期の死に方も自分で決められる時代に。

時代遅れ⑲　葬式はお寺、高額な戒名代や墓石が必要と思い込んでいる

⬅

生産性を高める法則⑲　死に方、葬られ方も自分で選べる時代に

散骨など、もっと葬られ方の自由があってもいい。画一的なやり方を押し付けるのをやめて、個人が「自分らしい死に方・葬られ方」を選択できる社会に。

章末ミニ放談

「立体納骨堂」課税大論争に見る、お寺ビジネスの建前

都内の「立体納骨堂」のように、お墓の形も変わってきている。寺社業界でも、これから生き残る寺と、廃寺になる寺との二極化が進む。

第2部

社会の生産性を高めるために

第4章

日本の生産性を押し下げる七大レガシーへの処方箋

談合・経営・法律・結婚・教育・自治体・メディア

1 時代遅れの談合体質
見せかけの競争より、合併せよ

競争を装った談合社会
――電気機器メーカー大手は、見かけほど競争していない？

キム　実は今回の対談の目的の一つに、竹中先生にまつわる世間の誤解を解いてしまおうということがあります（笑）。

そもそも先生の授業を受けた人の海外進出力はすごい。先生はいわば「歩くグローバルプラットフォーム」です。その授業の一つに、先生が主催されている「世界塾」というものがありますよね。これは高校生を対象にしたグローバル人材プログラムなんですが、この受講生の一人が今、シンガポール大学に留学しているんです。

先日、彼とシンガポールで話す機会があったんです。「竹中先生のおかげで、私も成長できました」と感謝していました。しかし同時に、「**高校生のときはすごいと思って聞いていたけれど、今思えば竹中先生はちょっと古いんじゃないか**」と言い出したんです。

なかなか生意気なことを言うじゃないかと思ったんですが、彼が引っかかっていたのは「競争」についてです。**「竹中先生は昔から競争が大事とおっしゃっていましたが、今はみんな競争に疲れている。むしろ競争しない生き方のほうが新しいんじゃないか**」というわけです。

言い換えるなら、「竹中平蔵という人は、競争ばかり強調して、競争できない人や負けた人を切り捨てる」とか、もしくは「競争以外のパラダイムを知らない」ということだと思います。こういう批判は、先生もよくお聞きになると思いますが。

かつては先生に教えを請うていた学生までそういうことを言い出すくらいなので、けっこう浸透しているんだなと。そこで先生、何かコメントをいただけますでしょうか？（笑）

竹中　**私が言っているのは「競争がすべて」ということじゃないんです。「談合はやめろ」と言っているんです。**お互いにもたれ合ってラクをしようとか、競争相手が参入できないような制度や慣習を作ることがダメなんですよ。だから日本企業は軒並み生産性が低いわけです。

もちろん、単純に競い合って勝たなきゃダメだとか、短期の利益を追求すべきなどと話したこともありません。それを「競争がすべて」と受け取るのは、理解が浅いかな（笑）。

キム　いや、私はその真意を一二〇パーセント理解していましたよ。この学生さんがまだ不勉強だったということで（笑）。

私の出身校であるインシアードには、「ブルー・オーシャン戦略」及び、二〇一八年に日本語訳版も出版される、新著の『ブルーオーシャン・シフト』で有名なチャン・キム教授がいます。少し前、私はシンガポールでキム教授と三時間にわたる大ミーティングをやったんです。

キム教授の問題意識は「とにかく世界のイノベーションの発想を変えたい」ということでした。アメリカの、特にハーバード大学が作った「競争至上主義」、つまり競争を通じてイノベーションを起こそうという発想に洗脳されているのではないかと。しかし**真のイノベーションとは、従来の競争軸を無意味にする新しい発想や、コラボレーションから生まれることが多いんだ**とおっしゃるんです。

私もそれを聞いて、たしかにそうだなと思いました。投資をするときも、例えばほぼ同じようなアイデアが別の複数社から来ることがあります。同じようなプラットフォームを作るために、それぞれの企業が資金も人材も時間も投入していると。それならバラバラにやるのではなく、最初から協力したほうが、お互いにムダを省けますよね。また、顧客が求めていない軸で競争していることも多々あります。

そう考えると、競争というのはけっこうムダを生むものだなという気もするんです。もちろん、切磋琢磨《せっさたくま》するという意味でのいい競争と、コラボレーションの失敗という悪い意味の競争があるとは思いますが。

戦うだけでなく、合併させるコーポレートガバナンスが働かない

竹中　**競争と言っても、戦うだけではないでしょ。**より生産性を高めてよりよいモノやサービスを作ることが目的なのだから、その手段として他社とコラボレーションしたり、共通のインフラを作ったりという話にもなる。そういう協調も大事なわけですが、それは当たり前の話ですよね。

ところが**日本企業の場合、競争というより談合的な環境にあるんです。例えば今、電気機器メーカー大手は複数社ありますね。お互いに激しく争っているように見えるかもしれません。でも、それは違います。十分競争していないから複数社が存在しているんですよ。**

キム　一見すると、日本を代表するメーカーがしのぎを削っているイメージがありますが、違うんですか？

竹中　ちゃんとした競争をしていないんです。本当に競争をしようと思ったら、膨大な研究開発が必要。それにはある程度の規模のメリットを追求する必要があるはずです。他社と競合せずに一緒にやればいいじゃないですか。

ところが、そういう動きはありません。**一緒になったら社長のポストが減るから嫌なんですよ。つまり一緒になるという選択をするようなコーポレートガバナンスが働いていないから、競合が乱立しているわけです。**

キム　そういうことなんですね。つまり**「会社の数が多い＝競争が激しい」と単純に考えてはいけない。むしろ業界の社長の数だけ、もたれ合いも激しい**と。

合理的な経営で困る人は多い
――マッコーリーよりマッサージ

竹中　だいたい日本の社会では、みな本質を見抜くことが苦手です。表層的な言葉や現象だけでものごとを判断する傾向がある。これは中学・高校での○×式のアチーブメントテストの影響かもしれません。要するにマニュアル式の発想しかないわけですね。世の中がどう動いているか、もっとロジックで見なきゃいけないんです。

例えば、**一般に景気が悪くなれば公共事業を拡大しろと簡単に言いますが、悪くなったのには原因がある。需要不足が原因なら公共事業が効きますが、供給サイドが悪くなっているときには逆効果です。**そのあたりを見誤ってはいけない。

キム　競争についても、見せかけなのか、本当に競っているのかを見きわめる必要があると。**競争しているように見えて、実はもたれ合っているだけ**ということは、日本の産業のあらゆるところにありそうですね。

竹中　そのとおり。特に公的部門が絡むと、よく見られます。例えば今、空港のコンセッション（インフラの所有権を国や自治体に残したまま、運営権を民間に売却すること）がようやく始まっているんです。

そもそも日本の空港は、滑走路を国が作って管理・運営し、ターミナルビルを地元の民間企業や第３セクターが作って管理・運営するというパターンがほとんどです。後者については、地元でみんなが出資して運営しているわけで、一見すると美しいですよね。

ところが、実際にはまったく違います。地元の有力企業の利権になっていたり、公務員の天下り先になったりしているだけ。だから十年一日のごとく、**無競争で非効率のまま運営されている**んです。

キム　つまり誰も決定権を持っていなくて、何のガバナンスも効いていない。日本企業に多いパターンですね。

竹中　しかし、今や空港も国際競争を余儀なくされています。魅力ある空港に作り変える必要がある。そのためには滑走路もターミナルビルも一体的に運営し、後者の収益力を高めて着陸料を引き下げるなどの工夫が欠かせません。これを民間会社に任せようというのが、コンセッションです。

実は十年ほど前、羽田空港のターミナルビルの運営に、オーストラリアの投資銀行マッコーリーが参入しようとしましたね。ところが、**政府からも民間からも「国益を損ねる」というわけのわからない反対論が沸き起こり、結局同社は撤退する**んです。

実はあのとき、強固に反対したのが、このビルにマッサージチェアを納入していた業者と言われています。**合理的な経営で競争原理が導入されたら、自分たちの納入の利権が奪われると考えた**のでしょう。そこで、政治的な根回しをして、マッコーリーを追い出したわけです。

キム　つまりマッコーリーが参入できなかったのは、マッサージ業界の仕業だったということですか。何だかマッサージ屋が邪悪に見えてきましたね。おちおち肩も揉んでいられない（笑）。

竹中　**マッコーリーよりマッサージのほうが強かった**わけです（笑）。

しかし二〇一六年七月、ようやく仙台空港が初めてコンセッション方式で民営化されました。これは宮城県の村井嘉浩知事が、ビルの権利者が持つ株を一時的にすべて買い取った上で、その一部を運営会社に売却することで可能になったんです。

航空業界は日本産業の縮図？ ——規制緩和と真の競争で生産性は上がる

竹中　このように、航空関連についてはいまだに規制や談合がはびこっている。

そして、それに関して言えば、二〇一〇年以降の**ＪＡＬの救済は完全に間違ってい**

たと思います。当時の民主党政権は、経営破綻に陥ったＪＡＬをとにかく生き残らせることを最優先しました。これが大間違いです。
ＪＡＬが消滅したって、誰も困りませんよね。必要な旅客機がちゃんと飛べばいいだけなんですから。

キム　たしかに、ナショナルフラッグキャリアってたいてい一国に一社ですからね。

竹中　そうですよ。もっと言えば、**アジアの地域全体でメインキャリアは最終的に三社しか残らないと私はにらんでいます。**北東アジアで一社、中国の香港で一社、それとシンガポール・タイ辺りで一社。
そう考えると、日本は多すぎます。だからＪＡＬとＡＮＡは一緒になればいいんですよ。
何も大変なことはありません。ＪＡＬの旅客機をＡＮＡに塗り替えればいい。従業員も路線も、すべてＡＮＡが引き継げばいいだけです。誰も困らないでしょう。**むしろちゃんと組み合わせて、他国のメインキャリアと競争しなきゃいけない。**そうすると、今はないブラジル・サンパウロへの直行便も可能になりますよ。

キム　これはまさに、「見せかけの競争」にもつながりますね。
ＪＡＬとＡＮＡは競争しているように見えて、まったくしていない。むしろ価格もサービスもほぼ似たようなもので、むしろ談合的な環境にある。

規制を廃し、疑似競争的な環境を改めれば、より良いサービスやイノベーションが生まれる可能性がありますね。

「参加意識」はあるが、「最終的な責任感」は欠如

キム　だいたい日本の企業や組織では、誰が最終的な責任や権利を持っているのかよくわからないケースが多いですよね。

竹中　そのとおりです。ただし、みんな無責任というわけでもない。**それなりに責任意識は持っているんですが、最終責任者ではないという自覚もある。非常に中途半端**なんですよ。

これについて、ちょっとおもしろい話があります。私がかつてハーバード大学にいたとき、アジア研究で知られる社会学者のエズラ・ヴォーゲル先生がいたんです。その彼が指摘していたのですが、日本から来たビジネスパーソンは、たいてい自分の会社のことを「わが社」と呼ぶらしい。お前は社長なのか、ただの雇われ社員じゃないのかと（笑）。

しかし日本人なら、この感覚はちょっとわかります。**「わが社」と呼ぶのは、逆に会社が誰のものかわからないからです。**他人の家に行って「わが家」とは言わないように、オーナーが明確なら「わが社」なんて絶対に言いませんよね。

実はこれは、江戸時代の藩と同じなんです。

キム　武士が「わが藩」と呼んでいたということでしょうか。

竹中　そうです。藩はお殿様が所有していたわけじゃないからね。お殿様に対して忠誠は尽くしているけれども、同時に藩を自分が背負っているような気分になっていた。それだけ参加意識が高かったということです。

これはいい面もあるんです。主体的にいろいろ考えるでしょ。しかし**一度うまくいってしまうと、それを絶対に変えようとしなくなる。**参加意識や忠誠心は高いけれども、最終責任者があいまいだから、大きく変えるリスクを取る人がいない。ところどころで不具合が生じてきても、なんとなくうやむやになってしまって、長期的な視野でリスクを取って変えて行こうという人が出てこないのです。**これは組織の生産性の低さと、すごく関係していると思いますね。**

キム　チェンジ・マネジメントが効かないわけですね。

マネジメント、ガバナンス、インセンティブなき、大学のいい加減な自治

竹中　これの典型が大学ですね。**大学にあるのは自治（オートノミー）だけで、マネジメントがないんです。**例えば一般の会社で、次の人事部長を誰にするかを皆で決めたらどうなりますか？　誰からも文句が出ない人を選ぶと、思いきった改革はでき

ないですよね。これが自治ということです。

キム　大学の場合、学長や学部長なども教授会の選挙で決まるんですよね。つまり、その人にガバナンス能力やリーダーシップがあるかどうかではなく、文句を言うか言わないかみたいな基準で選ばれる。

竹中　そうそう。**もちろん、大学の自治には理由があるんです。第二次世界大戦時に軍部によって学問の自由を奪われた。**だから戦後は学問の自由を外から奪われないように、自分たちで守ろうと。おかげで自治が当たり前のように定着したわけです。しかし今や、どう考えても時代遅れ。自治よりも大事なのはマネジメントのはずです。

だいたい日本の大学は、教授会による決定がものすごく強いんです。ではその場で高尚なことが決められているかと言えば、実はそうでもない。

私が初めて教授会に出席したのは、大阪大学の助教授だったときです。当時の大阪大学ってすごいんですよ。重鎮では中谷巌先生、本間正明先生がいて、若手では植田和男さん、吉川洋さん、林文夫さんもいた。そうそうたるメンバーでしょ。

それで、私も緊張して最初の教授会に出た。出たのですが、**教授会の最初のテーマが「経済学部の駐車場に空いた二つのスペースをどう使うか」。**これを一時間ぐらい真剣に議論しているんです。もうびっくりしてね。ある売れっ子の先生なんか、机に本を積み上げて隠しながら、一生懸命にご自身の原稿を書いていた（笑）。

それでよくわかったんです。**教授会というのは、全員一致が「美」であるとしている会議**なんです。自治だから、一人の先生に睨《にら》まれると、例えば後で自分の弟子を助教授から教授にしようとしたときに邪魔される。そのため、お互いにできるだけ穏便に、波風を立てないように努めるんです。

だから当時、国立大学の教授のポストは定員が埋まっていなかった。全員が納得する人じゃないと採用されないから。ちょっと変わり者だけど突き抜けているような教授は、「美」を乱す恐れがあるからとらないんですよ。

結局、自治といってもこれほどいい加減なものなんです。これでは組織の新陳代謝も進まないし、生産性も上がらないですよね。やはりマネジメントがないとダメなんです。

キム　大学に限らず、日本の生産性を低めている最たる理由はガバナンスの欠如でしょう。意思決定のルールがないというか。放置されていることが多いですよね。

ただ民間企業の場合、コーポレートガバナンスの構造も少しは改善してきました。民間企業で言えば、マネジメントがどうしてもうまく機能しない場合、その会社の株を買い集めてマジョリティさえ取ってしまえば、経営陣をすべて入れ替えることもできます。

しかし日本の公的セクターの多くや大学などは、マネジメントが機能していないときに、それを機能するように変えるシステムがないんですよね。

竹中 インセンティブもないですよね。競争が重要なのは、インセンティブを与えるからなんですよ。

キム 「**がんばらないとえらいことになる**」ということですね。

竹中 日本の大学の場合も、インセンティブがあれば多少は一生懸命になるでしょう。例えば、世界大学ランキングで東大が五〇位以下になったら自分の仕事がなくなるとかね。しかし現実には、二〇位からたちまち五〇位になっても、あるいは二〇〇位まで落ちたとしても、誰も責任は取らなくていい。

2 時代遅れのコーポレートガバナンス

形式的な取締役会——モニタリングの背景にあるべき、長期ビジョン

キム 私は投資の仕事に携《たずさ》わる中で、様々な企業を見てきました。やはり日本企業

の場合、経営体質が古いと感じることがよくあります。先行きが悪くても潰れるまでがんばりがちだし、結果として生産性が低く、時代の変化に対応できなかったりするわけです。

先生もいろいろな企業の社外取締役や外部アドバイザリーをなさっていますね。コーポレートガバナンスがうまくいっている企業のことも、そうではない企業のこともよくご存じだと思います。日本企業の経営のあり方について、どのようにお考えですか？

竹中　それは私よりキムさんのほうが、よほどいろいろ意見があると思いますけれどね。私が思うのは、**取締役会こそが企業にとってもっとも重要な意思決定機関でなければならない**ということです。本来、株主の利益を最大化するためのストラテジーチームが取締役会。これは当たり前の話ですが。

キム　本来、そのはずなんですけれどね。そして取締役とは別に、その方針を実行に移す執行役がいます。

竹中　そうですね。だから「執行とモニタリングを分ける」とよく言いますが、**取締役会は最低限、モニタリングをちゃんとやる必要があります。会社の大きな方向性は間違っていないかとか、長期的な戦略性を持っているかとか。**そういうことをちゃんとできる人たちが集まっているのが、取締役会であるべきですよね。

キム　長期的な大局観というものを経営に橋渡しできているかと。

竹中　ところが多くの取締役会は、これまで非常に形式的なものになっていました。典型的なのは、「その事業でどれぐらいのコストが発生するのか」とか、「長期的にペイできるのか」とか、そんな目先のことばかり話している。公認会計士や弁護士のような専門家も入っているのですが、実質的にはあまり機能していない。

キム　そうですよね。四半期決算会のアナリストみたいなことしか言わない。「この数字でどうやって予算を満たすの？」とか。

竹中　モニタリングだからそういうチェックも大切なんだけれど、その**モニタリングの背景に長期的なビジョンがあるかどうかが重要**です。

単に会計基準に則っているかといった形式的なチェックに終始するなら、取締役会としての機能を十分に果たしているとは言えません。うまく機能している会社がどれくらいあるか、私にはちょっとわからないけれど。

「アマチュア取締役」ばかりの企業の実態――事務局丸投げで「審議会化」

キム　たしかに、優秀な取締役と呼べる人材は少ないと思います。業界の長期的な動向を見通せるような経験豊かな取締役というのは、あまり聞いたことがありません。そもそも日本には、そうした取締役のプールがないですよね。

竹中　本来なら、経済の状況を的確に調査・把握できる人的ネットワークを持っている人でなければ、取締役は務まらないと思います。

キム　それに、取締役はそんなに忙しいわけではないですよね。せいぜい一カ月に一回の取締役会に出席する程度の人も多い。だから、プロフェッショナル取締役のような人材がいてもいいと思いますけれどね。

竹中　ところが**実際には、アマチュア取締役が多い。**私はよく冗談で言うんですが、**多くの取締役は「戸締まり役」に過ぎません。**ドアの鍵が閉まっているかどうかをチェックするだけなんです。

キム　ただ、日本の経営者自体が、そういう文句を言わない取締役を望んでいるという面もありますよね。体面的には外部から取締役を招聘《しょうへい》したりしていますが、結局はイエスマンであることが多い。**もともとお友達だから外部も何もない**んですけれどね。

竹中　まったくそのとおりです。だから、取締役会の独立性をどう担保するかというのは、本当に難しいですよ。

キム　最近はコーポレートガバナンスの強化を目的に、経営指名委員会を設置する会社も増えています。

ただあれも、外部の人がちゃんと経営者を選べるのかという疑問があります。

竹中　結局よくわからないから、会社側に候補案を出してもらっているケースが多いいんです。だとしたら、政府の各種の審議会と同じですよね。

キム　最初から答えありきで、メンバーはそれを承諾するだけ。

竹中　そのとおり。私はこれを**「指名委員会・報酬委員会の審議会化」**と呼んでいます。**指名委員長が特に文句を言わない人なら、「事務局案」でほぼ決まりますよね。**

キム　つまり対外的に「うちはコーポレートガバナンスの強化に熱心ですよ」とアピールするためだけに、経営指名委員会を設置していたりするわけですね。しかも会社側の人選となれば、当然経営の意向が反映されるでしょう。

竹中　出席者はもっともらしいことを言うんです。「もっとグローバルに目を向けなければいけない」とか「抜本的な改革が必要だ」とかね。**そして最後に「そういう方向で、あとはしっかり検討してくれ」と事務局に投げる。**これが審議会でよくあるシーン（笑）。経営指名委員会もまたしかり。

四半期決算より、リーダーのパッションに共鳴したストラテジーが必要

キム　本来、経営指名委員会というのは経営から独立した機関ですよね。その距離感からくる緊張関係が大事だと思うんですが。

竹中　それを実践している会社は少ないと思う。結果的に、がんばっている会社というのは、オーナー会社である場合が多いですね。**しっかりとしたオーナーがいて、**

その意向を汲んだストラテジーチームが機能している会社のほうが、公開（上場）企業に比べ、ユニークで新しいことをやっている気がします。

キム　そうなんですよね。インシアードにケビン・カイザーという有名な先生がいて、「ブルーラインとレッドライン」というコンセプトを唱えているんです。企業価値を高める経営判断をブルーライン、低める経営判断をレッドラインと称するのですが、実は企業経営にはレッドラインがきわめて多いという話なんです。

例えば四半期決算にしても、一見すると経営のモニタリングに欠かせないようなイメージがありますね。しかし、四半期決算を気にして短期的に株価を下げないように振る舞うことが、長期的利益を損なうことはよくあります。長期的に必要な投資ができなくなったりするのは、その典型でしょう。

そういう判断をしているのが、まさに四半期決算と短期利益追求に踊らされた、近視眼的な経営陣であるわけです。しかしこれがオーナー社長であれば、事情は変わってきますよね。「株式市場に文句を言われたって構わない。オレの会社なんだから、オレの好きなようにやるだけ」みたいな。

竹中　前にも話しましたが、やはりリーダーに必要なのはパッションですよね。私はこれをやりたいんだと。**そのパッションに共鳴した人たちがストラテジーチームを**

作り、手足となって戦略を立てているような会社が、結果的に見ると一番うまくいっていますよね。

キム　いくつか思い浮かぶ会社はありますね。業界大手に負けず劣らず海外で積極展開していたり、最先端の技術や取引ルートを持っていたり。あのトップがいてあの会社あり、という感じですよね。

竹中　そうそう。社外取締役がいて取締役会もありますが、やはりその社長のパッションが強い。こういう会社が、結局は強いんですよ。

今日ではなく明日の成績を考えるのが取締役会

キム　取締役会というのは、ガバナンスがうまくいっているなら特に役割はありません。問題はうまくいかなくなったとき。どう舵《かじ》を切るかで、もっとも真価が問われるわけですよね。

竹中　「**政治屋は次の選挙を考える、政治家は次の時代を考える**」という言葉があります。それになぞらえて言えば、「**執行役は今日の成績を考える、取締役会は明日の成績を考える**」ということだと思います。

キム　さすが、名言が出てきましたね（笑）。

竹中　政府の政策も同様ですが、**経営というのはすぐに結果が出るものではありま**

せん。前の経営者が非常に優れたタネを蒔《ま》いてくれたおかげで、今の経営者がさして努力をしなくてもいい成績を出している会社もあります。あるいは逆に、前の経営者が悪かったために、今の経営者がどれほど正しい方向でがんばってもすぐには浮上できない会社もありますよね。

そこをきちんと理解して、経営者をサポートしたり社内外に向けて発信したりするのも、取締役の非常に重要な役割だと思っています。

実はTさんという私の知り合いが社外取締役を務めている、ある企業もそうなんです。昨今はものすごくいい成績を出しているのですが、それはすべて前経営者の蒔いたタネなんです。今の経営者は、特に新しいことは何もしていないらしい。

そこでTさんは、取締役会でその点を問い詰めたそうです。**「今は過去の遺産で食っているけれど、これから例えば十年後に貢献する投資として、どういうものを考えているのか」と。**

キム　それはすごい。取締役会で本当に社長にプレッシャーを与えられる取締役なんて、滅多にいません。よほど株式を持っていれば別ですが、実質的に経営陣に請われて入った社外取締役なら、ふつうは傍観するのみです。

竹中　彼もそう言っていた。**けっこう社会的にものを言える社外取締役を揃えているそうですが、みんな取締役会ではおとなしい。評論家みたいなことしか言わないら**

しい。

キム　そりゃそうですよ。力関係を考えたら、そうですよね。

3 時代遅れの法制度
ルールか、プリンシプルか

約五十年間獣医学部の新設をはばんでいる、時代遅れの告示

竹中　最近、『院長選挙』（久坂部羊・幻冬舎）という小説を人にすすめられて、飛行機に乗る機会に読んでみたんだけれど、すごくおもしろい。医者がひたすらお互いの悪口を言い合っているんです。つまり自分の権威と立場のことばかり考えていて、患者のことは何も考えていないという内容なんです。多分実態にかなり近いと思うんですけれどね。

だいたい日本では、医師免許を取ること自体が特権になっています。それは大学の医学部を新設できないから。

文部科学大臣の「告示」という一片の通達によって、新設の申請すらできないようになっているんです。

キム　それに関して言えば、二〇一七年には加計《かけ》学園の獣医学部の新設が話題になりましたね。

竹中　あれもそう。獣医学部なんかは五十二年間も作られていなかった。しかも法律ではなく、やはり「告示」で新設の申請をすることを抑え込まれてきたんです。それも、獣医がもう十分にいるからという理由じゃないんですよ。

例えば私が経済学部を作りたいと申請したら、それを受けた文部科学省は大学設置・学校法人審議会というものを開いて、作るに値するかどうかを審査しなければいけないことになっています。

ところが文科省は、獣医学部と医学部と歯学部については、そもそも設置の申請をしてはならないという「告示」を出した。要するに入り口を問答無用に閉ざしてしまったわけです。もう異様な規制でしょ。

キム　すごいですね。法律ではなく、告示で抑え込むと（笑）。

竹中　しかし千葉県成田市は、国家戦略特区制度を利用して二〇一七年四月に国際医療福祉大学医学部の開学にこぎ着けた。これは実に三十八年ぶりの医学部の新設だったんです。

ところが、加計学園の問題をメディアが騒ぎ出すと、野党は成田市の医学部も怪しいんじゃないかと言い出して、潰そうとした。

つまり、**けっして国民のためにはならない医師会の既得権益を、野党とメディアが援護射撃している**わけです。

キム　その「告示」というのは、どんなバックグラウンドで作られたものなんですか？　新設を阻止しなければならない特別な理由があったのか、もしくは既得権益の意向が働いたのか。

竹中　**「医者のクオリティを落とさないため」という大義名分の下の既得権益**です。これから人口は減少するから、医者は余ると彼らは言うわけです。しかしこれは、ロジックとしておかしい。

例えば今は、保育士が足りていません。しかし将来、人口が減ってきたら確実に保育士は余ります。だから今、何もしなくていいのかという話です。まさに突っ込みどころ満載のいい加減な議論ですよ。

それに、獣医学部について言えば、卒業生が全員獣医になるわけではないんです。例えば製薬会社に就職して動物実験に従事する人もいる。あるいは今、鳥インフルエンザのように動物に由来する病気がどんどん増えているから、世界中がその分野の研究で激しく競争をしています。

ところが日本は十年一日のごとく、毎年獣医学部から一〇〇〇人弱ほどの卒業生しか出せないので、まったく遅れているんです。

キム　つまりペットの治療ができなくて大変だとか、そういうレベルの話ではないと。

竹中　そういうことです。既得権者の中には、「人口が減ればペットの数も減るから、そのうち獣医が余ってくる」などと大真面目に主張する人もいます。一見するともっともらしいけれど、そんな問題じゃないんですよ。けっこう笑えるでしょ。

ちなみに東大にも獣医学科はありますが、医学部ではなく農学部にあるんだよ。私は猫を農学部まで連れていった覚えがある。

キム　先生、猫を飼っていらっしゃったんですか。私もシンガポールで二匹飼っています。ラガマフィンという種類ですが、そりゃもうかわいいですよ（笑）。

竹中　アメリカから連れ帰った猫が糖尿病になってしまってね。

時代遅れのおかしな裁判制度——週刊誌に勝訴して学んだ教訓

竹中　それはともかく、**「告示」には憲法違反の可能性すらあります。「私には学部を作る自由があるはずだ」という裁判を起こせばおもしろいと思う。**もっとも、おそらく日本の裁判所は「これは行政の裁量の範囲内だ」などと言って逃げるでしょうが。

キム　日本の司法は事なかれ主義で、**政治的プレッシャーがある分野では、三権分立の役割をまったく果たしていませんからね。**

竹中　それに日本は裁判官が少ないから、判決を出すまでにすごく時間がかかるんです。**仮に国が受けて立った場合、国側の弁護費用は税金から出せますが、訴えた側は全額自分で出さなきゃいけない。**一週間で判決を出してくれるなら弁護士費用も一週間分ですみますが、三〜四年もかかれば数千万円になりますよ。

だから一般の人は行政裁判なんてできないんです。

キム　裁判が長期化すれば、コストもかさむ。それが恐ろしいから、できるだけ関わりたくないということなんでしょうね。

竹中　だから**この国では裁判ってやらないことになっている**んですよ。

キム　先生もいろんな裁判を仕掛けられて、戦って勝ったはずなのに報われないということがありましたよね。

竹中　現職の閣僚だった頃ですよ。ある写真週刊誌が、私がかつて住民税を払っていなかった時期があると書いたんです。まるで脱税していたかのように。

でも私はその時期にはアメリカにいて、アメリカでちゃんと住民税を払っていましたからね。日本で二重に払う必要はない。

それでその出版社を訴えて、最高裁まで行ったんです。

キム　そんな当たり前のことなのに、ずいぶん長く争ったんですね。

竹中　それは私が当時、閣僚だったからでしょう。閣僚に訴えられて負けたら、メディアとしての面目は丸潰れだからね。向こうも必死にファイティングポーズをとったわけです。

それで結局、私が勝ったのですが、支払われた賠償金は一二〇万円。

キム　おめでとうございます。で、費用はいくらかかったんですか。

竹中　裁判費用は大したことはなかったけれど、弁護士費用は九〇〇万円。**アメリカでは、裁判に負けた側が弁護士費用を全額負担するんです。しかし日本では、勝っても自分で負担するしかない。**

結局、私が得たのは名誉の回復だけです。

キム　まったく割に合わないですね。現在の司法制度の歪みを端的に表していると思います。

ルールかプリンシプルか——世界は成文法から判例法に向かっている

竹中　法律について言えば、十年ほど前にハードローかソフトローか、という議論がありました。

別の言い方をすると、ルールかプリンシプル（原理・原則）か。厳しいルールを政府が細かく決めるほうがいいのか、それともプリンシプルだけ政府が決めて、あとは自分たちの業界団体などで決めるほうがいいのかということです。

キムさんは金融業界が長いから詳しいと思いますが、例えば日本の金融業界も多様化してきたので、関連する法律もルールベースからプリンシプルベースに移行すべきという議論になったわけです。

キム　そうですよね。

竹中　ところがプリンシプルベースで、あとは業界内で決めてくれという形にしても、業界内でどう決めていいかわからない。それで結局、金融庁に「ルールを作ってください」と泣きついたんです。

キム　「自分たちでリスクを取って決めて、あとで怒られたらどないしよ」ということに対する恐怖心でしょうね。上から言われたことをやったほうが楽だと。

竹中　それも、日本の法的風土というものをすごく反映していますよね。**「問題が起きたら裁判で決めればいい」ということにはなっていない。裁判を起こされたら大変だ、という思い込みが先にある**から。これは、アメリカなどとまったく違うところです。

キム　アメリカは、裁判を起こすことを前提に動くようなことがありますからね。むしろ裁判で一儲けしてやろうとか考えたり。

竹中　アメリカなどでは、**「とにかくやってみて、問題があれば裁判で決めればいい」という感じがありますよね。それは、判例法が徹底している社会だから**です。

一方、日本は成文法で、法律に書いてあることがとにかく尊重される。だから書いていないことはやらないほうがいい、となるわけです。

そうすると、新しい事象に対応できない。どんどん遅れていくだけです。

キム　たしかに、**日本の生産性の低さやイノベーションの起こりにくさの理由の一つとして、成文法でルールベースという法風土がある**かもしれませんね。

竹中　ただおもしろいのはね、日本はフランスとドイツから大陸法（成文法）を学んだと言われているでしょ。

ところが今のフランスとドイツの法制度は、かなり判例法になっているらしいんです。特にＥＵ（欧州連合）が統合されてから、金融のルールなどはすべて判例法のイギリス型にシフトした。だからロンドンのシティがあそこまで大きくなったわけです。今後はイギリスのＥＵ離脱、Brexit《ブレグジット》でどうなるかわかりませんが。

だとすれば、**日本だけが古い大陸法を維持したまま取り残されることになる。**

私は法律の専門家じゃないけれど、経済の事象からはそう見えますね。

キム　このままでは、法制度の観点からも日本でリスクを取る事業は興しにくいですよね。将来こうしたらどうなるということが最初からしっかり見えていないと、何も動けないという状態になってしまっていますから。

4 時代遅れの結婚制度
結婚にもイノベーションを

結婚制度も多様化が必要

キム　法律の中でも、時代遅れだなと思うのが結婚制度です。第3章で議論した高齢化問題は少子化問題とワンセットですが、結婚って何かとハードルが高いですよね。

そこで思うのですが、冠婚葬祭コストをドンと減らすことによって、日本の結婚率は上がるんじゃないでしょうか。結婚式に数百万円もかかるようでは、躊躇《ちゅうちょ》するのも当然です。そんな大袈裟《おおげさ》なことをしたくないから、もう結婚自体やめよう、となる。

竹中　結婚に関してはね、おそらく離婚しやすくすれば増えますよ。

キム　これは雇用の問題と一緒ですね。

竹中　リストラしやすくすると雇用しやすくなります。リストラできないと、将来のリスクが大きすぎてなかなか雇用できない。

結婚制度で言えば、今の日本では両方が同意しないと離婚できないでしょ。これを**一方だけが意思表示すれば離婚できるようになればどうなるか。**

それで結婚は増え、多分出生率も上がるでしょう。

もっとも、これはモラルの話として大変な反対論が出ると思いますが。

キム　私のフランス人の友達でも、結婚せずに子どもを産んでいる人がいます。でも国からのサポートも、結婚した人と同じように受けられるんですよ。

一方、韓国人って離婚率がものすごく高いんです。そして一度離婚すると、もう二度と結婚したくないと言っている人が多い。なぜなら、結婚することのコストを思い知るから。相手のご家族とかかわったり、いろいろな義務が発生したりとかね。

だから私、思うんです。**結婚の契約形態というのが旧態依然としていることも、結婚できない人が増えている一因じゃないかと。**例えば金融商品で言うと、まあこれは人生そのものに比べれば比較的どうでもいいものですが、それでもバラエティに富んだ新形態がどんどん生まれるじゃないですか。なぜ結婚にだけ契約形態のバラエティを作らないのかなと。

例えば、三年間だけの契約結婚でもいい。プットオプション（一定期間内に、あらかじめ決めた価格で売る権利）契約でもいいかもしれない（笑）。あるいは友達からスタートして、ある程度気に入ったら結婚するコンバーティブル（恋人から伴侶への転換）結婚のような契約を結んでもいい。

竹中　ディストレスト投資（経営破綻または経営危機の企業への投資）みたいな結婚とかね（笑）。

キム　そう。ディストレスト結婚があってもいい。あとは、資産に関する義務を負わない条件にするアセットライト（資産が軽い）結婚とか。

ところが**今の結婚制度は一律で、完全にM&Aするモデルしかないような制度だから、時代遅れになっている。家族形態の多様化に対するニーズに、制度が追い付いていない**んです。

竹中　多分それは、男女同権ではなかった時代の重荷を引きずっているんでしょう。でもこんな主張をしたら、世間では大変なことになるね（笑）。

キム　政治家にはできない議論ですよね。しかし政治家としても、これが票につながればいいわけで、これを機に世論が高まり、結婚制度の多様化が次期総選挙で争点化しないかな（笑）。

時代遅れな「家制度の亡霊」で夫婦別姓すら進まない

竹中　しかし、夫婦別姓ですら食い止められる社会ですからね。

キム　あれもよくわからないんですが、むしろ特定の某女性議員たちが、えらい熱心に「夫婦別姓はダメ」とか一生懸命にがんばるじゃないですか。あれは誰かに担がれているからですか？　おじさん議員が言うと男女差別になるから、そんな人たちに担ぎ出されて使われているんでしょうか。

竹中　男性でも女性でも、政治家の多くは夫婦別姓に反対ですよね。

キム　そもそも政治家になる人って、世の中を仕切ろうという人でコントロール欲が強いから、比較的「従来秩序を守ろう」とする人が多いわけじゃないですか。だから**政治家に任せたら夫婦別姓反対になりますが、一般の人の意見を聞けば、自由に決めさせてくれという人が多い**と思うんですよ。

竹中　本当に、人それぞれ自由に決めればいいと思う。

キム　そこになぜ国が介入するの、という感じですよね。

竹中　だから**基本的には家制度なんですよ。そんなものは今や何も残っていないのに、姓だけ残ってしまった**ということでしょう。

余談だけど、吉本興業を創業した吉本せいさんという女性がいますね。その吉本せいさんの亭主がまったく道楽亭主で、仕事もせずに寄席にばかり通っていた。
そんな亭主に対して、せいさんのやったことがすごい。「あんた、そんなに寄席好きなんか。ほなら一つ買《こ》うてあげるわ」と言って寄席小屋を丸ごと買った。「寄席に金を払って見に行くんやのうて、寄席を開いて自分で稼ぎなはれ」と。それが吉本興業の始まりなんです。

キム　すごい発想ですね。

竹中　実はこれと同じことをやったのが、経済学者のケインズなんです。
もともと、ものすごい金持ちだったのですが、バレリーナの奥さんのために劇場を買ったんですよ（笑）。

キム　なかなか懐《ふところ》の深い話ですね。これも夫婦関係のあり方の一つだと思います。
私なんか、つい先日もミャンマーでいいルビーがけっこう安く買えるので、それをプレゼントしていい気になっていたら、「どこまで恩着せがましいの、あなたは」って言われましたからね。吉本せいさんとケインズさんのおかげで目が覚めました（笑）。

竹中　でもね、今後のことを考えたらお互いにあまり与えすぎないほうがいいかもしれない。恋人のときは言わないことも、夫婦になったら言うからね。そのうち「今年は劇場、買うてくれへんの?」とか言われるよ（笑）。

5 時代遅れの教育制度

「自分で決められない」子どもを量産する不幸な教育
——日本人はなぜ「お上の言うこと」をよく聞くのか

キム その国のイノベーション選好性と金融資産の振り分け方というのは、非常に連動している気がします。元本を失いたくないからリスク資産への投資を避け、とにかく銀行に預けたがる。利子なんてほとんどゼロでもいいというメンタリティなんですよね。

日本の銀行は大きな預金残高を抱えていますが、その投資判断には大きく三つの特徴があります。

第一はとにかく元本を失いたくないと。投資というよりローンの考え方なんですよね。

第二は隣の銀行はどう運用しているのか。自分がライバル視している三つくらいの銀行の動向を、すごく気にするわけです。

そして第三は、お上の意向に徹底的に従いますよと。つまり自分ではできるだけリスクを取らず、お上の言うことに沿っているということをアピールしたいわけです。これらはいかにも一昔前の資産の振り分け方ですね。

竹中　素朴な疑問だけれど、**なぜそんなにも素直にお上の言うことを聞くんだろう？**

キム　それは子ども時代の教育と密接にリンクしている気がします。日本の学校って、「列に並びなさい」「先生の言うことを聞きなさい」「この宿題をやりなさい」とか、生徒に有無を言わさず従わせる世界じゃないですか。オプションを自分で選ぶことができない。自分の好きなこと、自分のやりたいことを自分で決めるという習慣が身につかないんです。

当然、主体性は低くなる。その分、上から言われたことをまじめに吸収はできますが、自分の人生にコントロール感を見出しにくいんじゃないでしょうか。**自分で決めず、上から押し付けられることをやりたくないのにやる。そして結果的にそれができなかったりすると、ますます自信を失う。そんな悪循環の元凶が学校教育にある**んじゃないでしょうか。

例えば私が母のミセス・パンプキンとの共著として刊行した『一流の育て方』（ダ

イヤモンド社）という本は、おかげさまで五カ国で売れています。

あの本を書くとき、世界中のいろいろなリーダーに聞いて回ったのが「子どものときに受けた教育で親に一番感謝していることは何か」ということなんです。そうすると、驚くほど共通した答えが「自分で決めさせてくれたこと」というものだった。これはインド人だろうが韓国人だろうがドイツ人だろうが関係なく、一致していたんですよ。

たしかに二十歳や三十歳になって、いきなり今から自分で決めなさいと言われても、決められないですよね。対して、**子どものときから自分の習い事、通う学校、食べたいもの、趣味などすべて自分で決めてきた人は、「決める習慣」がつく**んです。

ただし、こういう人ばかり集まると、なかなか統制がとれません。上の言うことを聞かないから。私の同僚なども、全然言うことを聞いてくれないんですよ。

でも裏を返せば、上司が何も言わなくても、それぞれ賢く判断して動いてくれる。まして今後は、未来の不確実性がますます高まっていく。方向性も定まってない段階で、自分たちで意思決定していくという仕事が増えてくるでしょう。そうなると、主体性を伸ばす教育がいっそう重要になってきますね。

受験勉強が子どもの思考力を奪う
――絶対的正解がある問題ばかりの弊害

竹中　今の指摘はすごく重要だと思います。関連して言うと、自分で決められないことと日本の受験勉強って密接に関係しているんです。**絶対的正解がある問題ばかり出されたら、自分で考える余地なんか何もないんですよ。**ここに、日本の非常に歪んだ教育の一端が現れていると思いますね。

アメリカで活躍されている齋藤ウィリアム浩幸さんという起業家がいます。彼はカリフォルニア大学を出たあと、サイバーセキュリティの分野でベンチャーを立ち上げて、今は経産省の参与もやっている。サイバーセキュリティにたいへん詳しいので、世界中から引っ張りだこになっているんです。

彼は世界各地で、子どもたちの考えるビジネスモデルコンテストの審査員をやることがあるそうです。そうすると、**日本の小学生が考えるビジネスモデルはすごく優秀らしい。ところが中学生になるとちょっと悪くなって、高校や大学になるとボロボロになる。**

それはなぜかと考えたところ、一つのきっかけは「お受験」じゃないかと彼は言うんです。悪くなるのは、小学五年生くらいから。ちょうど、お受験を始める頃ですよね。

キム　お受験を始めたとたん、考える時間がなくなるわけですね。

竹中　暗記問題というのは考えてちゃダメだからね。考える前に覚えることが重要。逆に言えば、あまり考えないようにするトレーニングを受けているということです。だから、自分で考える習慣が育たないわけですね。

教育プログラムにも「競争」が必要
——教育は本来、各地方の仕事

キム　では、教育にも根本的な改革が必要ですね。「教育改革３・０」ですよ。最近はようやく「グローバル人材を育てよう」という話も聞きますが、今の教育制度ほど時代遅れなシステムもなかなかないでしょう。たとえば、**いつまでムダな科目を教えているのか**と。

竹中　本当にそうだね。

キム　もはや、「古文の係り結び」などを長時間かけて教えている場合ではない。その代わり、もっと英語教育に力を入れるべきです。**一生懸命マグネシウムを燃やすより、プログラミングの基礎を教えたほうがよほど役立つ**と思うわけです。

竹中　そういえば燃やしたな（笑）。アルコールランプだけ印象に残っているね。「これはひっくり返したらいかんぞ」とか先生に言われて。

キム　だから、とにかく授業の中身から見直したほうがいいですよね。例えば歴史教育にしても、どうしても政府の意向が反映されますね。国家レベルで教科書を作れば、他国と対立するようなコンテンツにしかなりません。そこでドイツでは、ポーランドと一緒にカリキュラムを作りました。

これは日本に限った話ではありませんが、**今後、必要とされるグローバル人材の姿と、教育カリキュラムとのズレがあります。**これが一番重要なところだと思うんですが。先生は今の教育制度、どんなところを変えたらいいと思いますか？

竹中　この科目は必要だとか、こういう教育に力を入れようといった細かな改革は、実は文部科学省が毎年のようにやっているんです。しかしそういう改革案が出るたびに、これはまったく信用できないなと思いますね。

また批判されそうですが、**日本の教育に圧倒的に足りないのは競争**です。**すべてお上のお仕着せなので、教育改革といってもまったく緊張感がありません。**

もっと教育現場で自由に決めさせればいいんですよ。そうしたら、お互いに切磋琢磨して、創意工夫もするでしょう。それによっていい教育が生まれると思いますね。

もちろん、いきなりすべて変えるのは難しい。しかし一部だけでも自由な枠を設定して、現場からベストプラクティスが出てくることを期待するのが一番いいんじゃないですかね。

キム　つまり、文科省が作った画一的なプログラムを全国の学校に押し付けることはやめようと。

竹中　そうです。**そもそも教育というのは地方の仕事なんですよ。ところが今は、政府がスタンダードを作り、地方にお金を配布して、教員の給料の半分を出しながら言うことを聞かせているわけ**です。文部科学省による教科書検定なんて、典型的でしょ。

これは税制や行政単位の規模の問題でもありますが、**本来は財源も権限も地方に移せばいい**んですよ。

キム　そうですね。だいたい国家が国民に教育プログラムを押し付けても、ろくなことはありません。むしろ国家主義的統制と、失敗の歴史が積み重なっている。にもかかわらず、なお子どもの教育のコントロールを強化しようとしているわけで、これは由々しき事態ですね。

先生の代名詞でもある「競争」に期待したいところです。

6 時代遅れの不要な地方自治体

道州制に再編して自治体の給付と負担を一体化

税の給付と負担が一体化していないからムダ遣いが発生

キム　今、地方の話が出てきましたが、多くの地方自治体も、古式ゆかしき非効率の権化のような存在ですよね。何とかならないでしょうか？

竹中　だから都道府県を道州に再編しようという議論があるわけです。**そもそも道州制というのは、要するに自治体の給付と負担を一体化させるということ**なんです。ここでいう給付とは公共サービスのこと、負担とはそれに対するコスト、つまり税金です。

ところが今は、これが一体化していないんです。

例えば、**私たちが払っている税金の約三分の二は国税で、残りの三分の一が地方自治体に入る地方税です。しかし国全体の税収額で見ると、国が使っている税収は約三**

分の一だけ。地方が三分の二を使っているんです。では国税の三分の一はどうなっているかというと、地方交付税や補助金という形で霞が関から地方にトランスファーしているんです。

キム　これは衝撃的な数字ですね。自分は税金の三分の二を国に払っているのに、そのうちの約半分は地方で使われていると。そういうことですよね。

竹中　そう。そしてこれが大問題なんです。地方の人にとっては、国からもらっていると負担感がないですよね。

つまり**給付と負担が一致していないから、ここでムダ遣いが生じる**わけですよ。ラーメン店で三〇〇円を出すと国から三〇〇円のクーポンが支給されて、六〇〇円のラーメンを食べられるようなものです。「ラッキー」とは思っても、「ムダ遣い」とは思わないですよね。

対照的な例が、私がアメリカに住んでいたときの話です。あるとき、娘が通っていた小学校のある自治体から、通知が来たんです。「予算が厳しくなってきたので、今まで複数から選択できた第二外国語の選択肢を二つに減らしたい。ないしはスクールタックスを上げてもいいか、どちらか選んでください」と。つまり、**サービスを減らすか税を増やすかどちらがいいかと父兄に問うてきた**わけです。**これが本当の給付と負担の一体化**でしょう。

一方、日本では国と地方の給付と負担の関係がすごくあいまいになっている。だいたい地方分権自体があいまいなんです。

キム　国に支援してもらっている引け目があるせいか、地方はとにかく言いなりになっているイメージがありますね。

竹中　そう。**地方の当事者にとっても、これは都合がいいんですよ。最後に責任を取らなくてすむ**から。表向きは文句も言うわけです。「国がコントロールして自由にさせてくれない」と。しかし最後の最後は国が面倒を見てくれる。

また、国は国で文句を言うわけです。地方にお金がかかって仕方がないと。しかし、それによって権限を維持して人まで送り込んだりしている。つまり**お互いに文句を言いながら、実は都合よく依存し合っている**わけですね。

本来なら、地方のことは地方で責任を持ってやるという形にして、その代わりに地方でちゃんと財源を賄《まかな》えるようにしなきゃいけない。そのための道州制なんです。

地方議会は本当に必要なのか
――週末の「民間兼業議員」で十分？

キム　ただし中央でも、表向きで地方分権とは言いつつ、既存の利権や人の流れがあるから反対している人が多いんでしょうね。

竹中　もう絶対反対だよね。

キム　それはそうですよね。わざわざ自分の権力を手放そうとは思わないでしょう。

そこを突破する道筋としては、やはり省庁と徹底的に戦える強いリーダーが出てくることが条件ですね。国民を巻き込んで、「抵抗するのか、それとも改革するのか」と迫って道州制を成し遂げるという。

しかし道州制というのは、国民がなかなかメリットを実感しにくいし、要望も強くなさそうです。

その意味では政策的なコアになりづらいですね。

竹中　おっしゃるとおり。かつて一度キャンペーンをやってみたことがあるのですが、**道州制について国民はほとんど関心を示さないんですよ。理由は簡単で、これは国家公務員と地方公務員の権限争いだというふうに受け取られている。**だから適当にやってくれという感じなんです。

しかし**大きなポイントの一つは、地方議会が本当に必要ですかという問いかけ**なんですよ。

キム　絶対いらないと思います。

竹中　だから**地方議会でやったらいいと思うのは「土日県議会」や「土日市議会」。**そうするとＰＴＡと同じです。

ふつうに働いている人が、別の仕事をしながら自分たちが住む街のことを決めればいい。この変化は大きいでしょ。

キム　それなら市民の声が反映されるし、優秀な人を惹きつけられますよね。

竹中　そうそう。**地方議会に優秀な人がもっと来てほしい**んですよ。

キム　本当に優秀な人は、兼業でもパートタイムでもいいから参加してほしいですよね。

だいたい今の自治体の区切りは、江戸時代か戦国時代あたりの原型をいまだに引きずっているように思います。非効率にもほどがある。

民間なら、小さく非効率に分かれているところでどんどん合従連衡《がっしょうれんこう》が起きて、大きなマーケットシェアを取るところが出てくるわけじゃないですか。

でも地方政治には競争が働かないから、本来ならＭ＆Ａをするべきところも、いつまでも細分化されている。そういうことですよね。

だから道州制で、今の時代状況に合わせて合理的に合従連衡しようと。これが、地方議員数の削減や給付と負担の一体化と合わせた、地方自治体の絵だと思うんですけどね。

地方自治の生産性を高めるために、自治体の数を減らそう
——基礎自治体の数は今の四分の一以下で十分？

竹中　**江戸時代は「三〇〇諸侯」と言われるとおり、三〇〇人の大名がいた**んです。それが明治の廃藩置県以来、いろいろな合併を繰り返してきた。今、都道府県の数は四七でしょ。つまり三〇〇から四七に統合されたわけです。ところが、その下の**市町村の数はまだ一七〇〇強もある。**

では、基礎自治体のもっとも合理的な人口はどれくらいかというと、これにはいくつかの試算があります。例えば本間正明先生などの研究によれば、一〇万人がもっとも平均費用を最小化できて、独立採算が可能らしい。

今の日本の人口は約一億二七〇〇万人なので、市町村の数は一二〇〇ぐらいが最適ということになります。十五年ほど前までは三〇〇〇くらいありましたが、平成の大合併で統合が進んだので、まあ、いい方向に来ていると言えますね。

キム　けっこう進んだんですね。

竹中　でも、まだ足りませんよね。さらに言えば、**人口一〇万人じゃダメで、三〇万人くらい必要という説もある**んです。そうすると**基礎自治体の数は三〇〇～四〇〇でいい**ということになる。例えば和歌山県の場合、人口は九〇万人強なので、市が三つできればだいたい収まるんです。**だとしたら、もう県はいらないでしょ。だから道州にして、もっと大きな枠を作りましょうという話になる**わけです。

そのためには都道府県の制度を変えなきゃいけないから、憲法改正が必要になります。憲法改正の入り口としては、一番きれいですよね。

キム　そうですよね。道州制の合理性が理解されれば、地方議員と既得権益者以外は、別に反対する理由もないですね。

7 時代遅れのマスメディア

記者のレベルが低い――複雑な政策についてこれず、言葉尻をとらえて大騒ぎ

キム　今までも折に触れてお話に出てきましたが、とにかくメディアの地盤沈下がひどいですよね。政策評価よりも、政治家が不倫して一線を越えたとか越えていないとか。

これは鶏と卵の世界ですが、結局視聴者がもっと高いレベルを求めれば、メディアもそれに応じようとしますよね。視聴者の意識が低いから、メディアのレベルも低いのかなと。

竹中　そうですね。政治家の不倫問題にしても、ちょっとメディアはひどいよね。道徳的な是非はともかく、政治家なら「プライベートなことに対してお答えする気

はありません」と堂々と答えればいいし、メディアもそれを受け止めなければいけません。それを「説明責任を果たしていない」とか追求ばかりするのはおかしい。

キム　私のフランス人の友達も、日本の政治報道を見てポカンとしています。もう、**日本は政治家の不倫を合法化したほうが、まともな政策議論がなされるのではないか**と（笑）。

竹中　**本来伝えるべき政策が複雑になっているから、メディアが付いてこられなくなっている。だから政治家の言葉尻を捉えて大騒ぎするしかない**という感じですね。

少し前の話だけれど、おもしろい経験をしたんです。

小渕恵三内閣のとき、私は経済戦略会議のメンバーでした。議長は当時アサヒビール会長だった樋口廣太郎さん、メンバーにはトヨタ自動車社長の奥田碩さん、イトーヨーカ堂社長の鈴木敏文さん、ＪＲ西日本会長の井手正敬さんとか。

キム　そうそうたるメンバーですね。

竹中　その会議から、様々な政策提言を出したんです。

ところがあるとき、樋口さんがその内容を説明する記者会見を開いたら、ある記者が「この政策はわかりにくいので、もっとわかりやすい説明が必要なんじゃないですか」と質問してきたんです。すると樋口さんは、すかさず「それがあんたの仕事やないの」と（笑）。なかなか痛快でした。

だから**本来、メディアはすごく重要です。複雑でわかりにくい政策を、広くわかり**

やすく伝えてもらわないといけないんですよ。

大手メディアの報道もフェイクニュースで溢れている——チープ＆フェイクニュースのほうが拡散力が大きい

キム　先生もよくメディアには登場されますよね。たいてい悪役ですが（笑）。先の衆議院議員選挙で小池旋風が吹いたときも、先生はブレーンとして小池さんにいろいろアドバイスされたそうですね。そんな記事をいくつか見ました。

竹中　某大手の全国紙に出ていたでしょ。でも完全なフェイクニュースです。だいたい、私にはメディアからまったく取材も問い合わせもないんだよ。それで見てきたようなことを書いているんだから、本当にひどい。

たしかに、経済特区について話し合うために小池さんたちと食事に行ったことは事実です。その場で彼ら同士が選挙を話題にしたことも、あったかもしれません。それは彼らの自由ですよね。

しかし、私が何かを積極的に呼びかけたり、選挙についてアドバイスを送ったりしたことはいっさいありません。

キム　某大手の新聞では、先生が希望の党と日本維新の会の合併を促したといった書き方でしたね。まるで政界のフィクサーであるかのように……。

竹中　これはさすがに誤解を招くから、私は政府の何人かの方に「これはフェイクニュースです」というレターを書きました。でも自民党の中には、私がそういうふうに動いたと思っている人もいるでしょうね。

キム　政界再編を裏で操ろうとしたと（笑）。

竹中　だから今回、あらためてわかりました。**世の中はフェイクニュースで溢れているんです**。政治家にしろ経済人にしろ学者にしろ、その洗礼を浴びながら生きていかなければいけない。これはなかなか至難の業《わざ》ですよね。

キム　もっとも、政治家などがフェイクニュースを率先して出す場合もありますよね。

竹中　もちろんそうなんです。だから**フェイクニュースは簡単に作れる**ということなんです。しかも、それがＳＮＳで簡単に拡散する。

キム　嘘のほうがおもしろいから広がるのも速いんですよね。

竹中　チープな話のほうがおもしろいから広がる。より重要で本質的な話はほとんど広がらない。だから**ニュースのチープ化とフェイク化が同時に起こっている**わけです。

キム　チープ・フェイクニュースですね。

メディアのおかしな対立概念
——日本の記者はジャーナリズムの訓練を受けていないアマチュア

竹中 問題は、それを一向に気にせず、場合によっては発信源にすらなっている日本のメディアです。

例えば「ウォール・ストリート・ジャーナル」の記者が取材をしないで記事を書いたら、間違いなくクビ。しかし日本の新聞ではそれが許される。つまりジャーナリストとしての訓練を受けていない。

キム 例えばアメリカのコロンビア大学には、ジャーナリズムを専門に学ぶ学部があります。日本にそういう教育機関はないですね。

竹中 まったくない。スクールオブジャーナルがないから、メディアの基本すら知らないままに記事が書かれているんです。A新聞の記者はジャーナリストではなく、株式会社A新聞の単なるサラリーマンでしかないんですよ。

キム 先生はA新聞が本当にお嫌いですね（笑）。しかし私から見ると、他の新聞も大いに疑問です。特にS新聞なんか、政治関連の記事はフェイクの塊、自民党の機関紙のようなイメージなんですが。

竹中 全紙ダメなんだけれど、やはり一番影響力を持っているのはA新聞でしょ。同紙自身が今でも「日本の良心」とか言っているじゃないですか。

キム　A新聞は基本的にリベラル派というか左派を標榜《ひょうぼう》しているので、自由競争を推進する側を叩こうという意識が強いんでしょうね。

竹中　おそらく対立概念が違うんですよ。**例えば経済人であれば、需要と供給、生産と消費などが対立概念ですよね。しかし日本の新聞の対立概念は違う。常に強者と弱者なんです。**そして強者というのは、常に政府と大企業を指すんです。

キム　そのあたりは共産党と相通ずるものがありますね。

竹中　そう、まったく同じですよ。そういう対立概念を前提としているから、自然とバイアスがかかるわけです。

キム　一方、右派系のバイアスメディアの代表としてはＳ新聞やＹ新聞が挙げられますね。

特に加計学園問題のとき、渦中にあった前文部科学省事務次官の前川喜平さんについて、Ｙ新聞は新宿の出会い系バーに頻繁に通っていたと報じて世間の話題をさらいました。あの報道はあからさますぎて、さすがに右派からも「恥ずかしくないのか」という批判がありましたね。

つまり**右にしろ左にしろ、フェイクニュースとバイアスニュースを大手メディアが堂々と出すようになっている。**これが大きな問題だと思いますね。

竹中　Ｙ新聞のあの記事は、典型だよね。**つまり新聞が政治化しているわけです。**

ふつう企業というのは収益の最大化を図るでしょ。

それに対して**政治というのは影響力の最大化を図るんです。新聞も影響力を最大化したい**んだよね。

キム　逆に言えば、新聞の影響力が減っているということかもしれませんね。だから政権に近づいて、影響力にあやかろうと。発行部数が激減する中、生き残る術がそれしかないのかもしれませんね。

フェイクニュースやヘイトスピーチを生む、自制なき「自由」

竹中　だいたいメディアというのは、言論の自由と同時に、「言論の自制」というものも持つべきなんです。ところが日本のメディアは、自制のメカニズムがほとんど働いていません。取材していないことまで書いたり、灰色のものを黒と決めつけたり。

本来は、適切な自制があるからこそ、本当の意味での言論の自由が保証されるわけです。言論の自由というのは、そういう厳しさの中で勝ち取ってきたもののはずなんですよ。ところが**日本では言論の自由はいつの間にか与えられてしまった感じなので、自制することなく当たり前のように無責任な自由を謳歌している**んです。

キム　たしかに日本では、自由が行きすぎている気がします。メディアにかぎった話ではありません。

例えば先日も日比谷公園の前を歩いていたら、「安倍暴政を許さない」みたいなデモをやっていました。それもおじいちゃん、おばあちゃんばかりの集まりだったので、「まあ、がんばってや」と思っていたんですね。

ところがそこに右翼団体の街宣車が現れて、すごいことを言ってるんです。「この死に損ないめが」とか「死ね、ばかやろー」とか。その近くには警察官もいたのですが、黙って聞いているだけ。これが許される国って日本しかないなと（笑）。

中国人の友達も、日本でそんな光景を見てびっくりしていました。彼は日本の選挙にも驚いていたんです。「**たすきを掛けて自分の名前を連呼しているあのおかしな人は誰なんだ？**」と（笑）。たしかに中国では見たことのない光景でしょう。「おかしな人なんですよ」と教えてあげたんですけどね。

その彼がもっと驚いていたのが街宣車。あれこそまさに世界中であり得ない。でも日本ではなぜか許されているわけです。これは私も子どもの頃からずっと不思議でした。どう考えればいいでしょうか？

竹中　たしかにひどい話ですね。そもそも民主主義というのは難しいんです。かのウィンストン・チャーチルの「**民主主義は最悪の政治形態だ。これまで試されてきたあらゆる政治制度を除けば**」という名言がありますね。つまりいい制度ではないが、これに代わる制度もないということです。

民主主義はもちろん重要ですが、だからこそそれを守るための努力も必要なんです。自制するとか、相手の人格を傷つけないとか。それができて初めて、成熟した市民社会と言えるわけですね。

ところが**日本の場合には、民主主義が万能であるかのように教えられてきました。だから、守るための努力が必要という認識がない**んです。残念ながら、社会がまだ成熟しきれていないということですね。

民間非営利シンクタンクの不在――情報の受け手に、価値を見分ける力が不足

竹中　メディアも街宣車もひどいけれど、民間シンクタンクも相当にひどい。だいたい金融機関の子会社なのですが、政権におもねるだけだからね。

キム　民間シンクタンク出身の人って、中立とはほど遠く、商売っ気が強い印象です。

竹中　例えば自民党から民主党に政権交代しそうだというとき、マニフェストの評

価委員会のようなものが立ち上がったんです。私が所属する政策提言集団「ポリシーウォッチ」（創設者は加藤寛氏）も参加して、冷静に見て穴だらけだった民主党のマニフェストに低い点数をつけた。

ところがいくつかのシンクタンクは、ものすごく高い点数をつけていたんです。要するに、これから政権を取りそうだからゴマをすっていたんですよ。

キム　**メディアにしてもシンクタンクにしても、結局政府とお金でつながっているところって、政策の評価や監視の役割を果たせるわけがないですよね。**

竹中　インディペンデントな政策研究機関が必要なんですよ。アメリカのブルッキングス研究所のように。

キム　そうですよね。ブルッキングスの場合、どこからお金が出ているんですか。

竹中　**基本的には民間組織からです。政府はお金を出していないですよ。発言力が弱くなりますから。**

キム　だとすれば企業のカラーは出てしまう？

竹中　独立した民間非営利機関なので、幅広くお金を募っている。それでも若干の配慮はあるかもしれませんが。

しかし日本では、民間非営利というのがほとんど成り立ってないからね。

私は大臣を辞めたとき、政策に携わってきた経験を活かして何か立ち上げようと考えた。こういう場合、アメリカなら二通りのやり方があります。

一つはブルッキングス研究所のような民間非営利のシンクタンク、もう一つは政策コンサルタントまたはロビイスト。

前者は多くの人からお金を集めて情報を公《おおやけ》に提供する仕組みですね。後者はプライベートでお金を集めて、情報をプライベートに差し上げる機関です。ところが日本では、両方とも成り立たないんですよ。

例えば新聞社の政治部長のような肩書を持つ人が、退社後にお金を取って情報発信するパターンはあるんです。しかし、最初の数年間はお金を出す人がいても、あまり長続きしない。

日本では、情報に対してお金を払うという概念があまりありません。一方では、政治のことなどまったくわかっていない人が無責任な言説を撒き散らしている。受け取る側にも、そのバリューを見分ける力がない。だから、なかなかお金を集めることは難しいんです。

あるいはパブリックに情報提供する場合、寄付制度の問題があってお金が集まらない。だから両方無理なんです。

メディアリテラシーの高め方
——メディアのバイアスを意識し、議事録などの情報源に直接アクセス

キム　さて問題は、フェイクニュースや暴言やいい加減な「識者」の言論が自由に飛び交う日本の環境において、それを受け取る私たちがいかに自衛するか。つまりメディアリテラシーをいかに高めるかということです。残念ながら、そういう教育を受ける機会はないですよね。

竹中　まったくないですね。

キム　ではどうするか。まず**重要なのは、個々人が政府もメディアもフェイクやチープニュースで溢れていると認識すること**だと思います。なおかつ、**その情報は誰が誰を喜ばせるために発信したのかを常に考える**こと。そんな意識を持つだけでもかなり違うと思いますが、先生はどうしたらいいとお考えですか？

竹中　**ちょっと面倒だけれど、政治家やメディアを信用できないなら、一番いいのは議事録を読むことだと思います。**あまり読む人はいないと思いますが、政府や省庁関連の会議の議事録というのは大量に公開されているんです。だいたい会議から三〜四日後には、各省庁のホームページにアップされています。

キム　知っている人はほとんどいないでしょうね。

竹中　「政府は情報を隠している」「政府の説明が足りない」といった批判はよくあります。しかし、現実はまったく違う。大量に出しているんですよ。それを読みこなしている人がいないだけなんです。**政府の議事録などの生の情報を知った上で、今度はそれを報じる新聞記事と比べてみる**とおもしろいと思いますよ。記者がどういうバイアスをかけて書いたか、如実にわかるからね。

キム　なるほど。議事録自体にバイアスがかかっている可能性もありますが、それが記者のフィルターを通ることでどう変化するのか。これはメディアリテラシーのいい教材になりますね。

竹中　だから学校の授業で、そういう演習をやればいいと思う。両方を読ませて、気づいたことを小論文に書かせるとかね。

キム　それはぜひ、全国の学校でやってほしいですね。

現代版『学問のすゝめ』
――経済・金融の社会教育が必要

竹中　そしてもう一つ、今の日本に必要なのは、トータルとしてのリテラシーを高めるエコシステムでしょう。**特に足りないのが、経済学や金融の社会教育という概念**

ですね。

例えばイギリスでは、経済学の博士号の分野としてミクロ経済、応用ミクロ、マクロ経済、開発金融などがありますが、その中に社会教育という分野もあるんです。経済学の社会教育の博士号というものが存在する。

『入門経済思想史』などの著書で知られるロバート・L・ハイルブローナーなどは典型で、経済思想の専門家であるとともに経済学の社会教育の専門家でもあるんです。日本にそんな専門家はいませんね。

キム　経済学の社会教育というのは、経済学を社会に教育する専門家ということですか？

竹中　そのとおりです。**国民一人一人に消費税とは何か、需要と供給がなぜ重要なのかといったベーシックな知識がある社会とない社会とでは、民主主義における意思決定のクオリティがまったく違う**でしょ。

キム　たしかに。経済学の社会教育というのは、イギリスの民主主義にとって主要な社会インフラなんでしょうね。

竹中　そうなんですよ。考えてみたら福沢諭吉の『学問のすゝめ』って、この発想に近いんです。**一人一人が賢くなって国の民度が高まらないかぎり、政治のレベルも上がらないと。民度を超えた政治はあり得ないと。**だから福沢諭吉は『学問のすゝめ』を書いたわけですよね。

当時、この本は全部で三八〇万部も売れたんです。当時の日本の人口はざっと三五〇〇万人なので、人口の一割以上が持っていたわけです。キムさんの本がいくらベストセラーになっても、ここまではあと一歩及ばない（笑）。

キム　当時はインターネットとかなくて本が売れる時代でしたからね。この『最強の生産性革命』で、それを上回るつもりです（笑）。

竹中　それはいいですね（笑）。それはともかく、福沢諭吉先生は立派だったし、それを人口の一割が読んだ、当時の日本人も立派だった。

キム　当時は若い人が多かったし、時代がえらいことになるので勉強せなあかんという空気があったんじゃないかと思いますね。

竹中　以前、中国でこの話をしたら、中国ではもっと売れている本があると言われた。何かというと、『毛沢東語録』。

キム　一三億部売れているらしいですね。ちなみに『金正恩名言録』というのも二〇〇〇万部らしい。ちょうど人口分だけ売れているということですね（笑）。

章末ミニ放談

恋愛にも産業にも新陳代謝を

キム　本章では時代遅れの結婚についても論じました。毛沢東や金正恩にはかないませんが、私の母のパンプキンもときどき名言を発するんですよ。

竹中　パンプキンさん、お元気ですか？

キム　元気です。講演会とかでも忙しくしておりまして、最近は講演でシアトルやソウルまで呼ばれたりしています。「グローバルパンプキン」みたいになっちゃって（笑）。

そのパンプキンが言うんです。「あんた、いつも調子に乗るから最後に振られるんやで」と。たしかにそうなんですよね。で、「その人がポーッとなっている間に決めてしまわへんかったらあかんで。**世の中に男はあんたしかおらへんのか？　いつまでもあんたのこと好きやと思ったらあかん**」といつも言われるんです。

竹中　いやいや、でもそれはいいと思いますよ。

むしろ問題なのは、別れられない男。別れ下手っているんだよ。それに比べたら絶対いい。

キム　まあ私、振られ上手ですからね。

竹中　**別れ下手より振られ上手のほうがいいよ。いつまでも追いかけていると、どんどん不良債権がたまっていく**から。

キム　やっぱりそうですよね。恋愛も金融も、ダメだと思ったらスパッと切らないと。

竹中　新陳代謝が大事かもしれないね。産業と一緒だ。

キム　**恋人も嫁さんも新陳代謝。また大炎上しそうです。**

でも私の中では、結婚＝ゴールではなく、結婚＝苦難の始まりという感覚があるんです。その意味では理に適《かな》っている（笑）。

竹中　最後にもう一つ名言を。

『人形の家』などで知られるイプセンという戯曲家がいるでしょ。彼がこんな言葉を残しているんです。

「結婚生活、この激しい海原を乗り越えていく羅針盤は、まだ発見されていない」

第4章まとめ

時代遅れ⑳　**競争より既得権の保護が優先。企業の数が多くても競争は働いていない**

⬅

生産性を高める法則⑳　**談合的体質を廃し、競争が正常に働く社会へ**

競合他社が多いことは、競争が激しいのではなく、談合の結果であることも多い。空港の民営化が進まないのもＪＡＬが救済されたのも、既得権保護や見せかけの競争の象徴。

時代遅れ㉑　**社員の参加意識は高いが、最終責任者がいない**

⬅

生産性を高める法則㉑　**責任の所在を明確にすれば、日本組織の生産性は上がる**

大学に代表されるように、日本型組織にはマネジメントがなく、自治になっている。自治は調和によって成り立つから、新陳代謝が起こらず、生産性も上がらない。

時代遅れ㉒　目先の数字しか見ていない取締役会

← 生産性を高める法則㉒　長期的な大局観を提供する「プロの取締役」が必要

短期のモニタリングの背景にある長期ビジョンが大切。社長の「見張り番」として、長期的な視野でモノを言う人材が必要。

時代遅れ㉓　明治維新の時代にドイツに学んだ法律レガシー

← 生産性を高める法則㉓　ルールからプリンシプルへ

法律が細かいルールを規定している成文法型だから、リスクを取りにくい。一方、ドイツやフランスなどの世界は成文法から判例法へ移行している。

時代遅れ㉔　一律で選択の自由がない、昔ながらの結婚制度

← 生産性を高める法則㉔　多様な結婚の形を認めれば、結婚しやすくなる

離婚がしやすくなる結婚制度や、夫婦別姓など、多様な価値観やライフスタイルに応じた結婚の形を認めることが、結婚への障壁を低める。

時代遅れ㉕ 暗記型の受験勉強、国が全国に押しつける学校教育

← **生産性を高める法則㉕** 「自分で決める」教育と地方への権限委譲が教育改革のカギ

押しつけから「自分で決める」教育へ。教科内容を時代に合わせ、地方ごとに権限を移譲して、正常な「教育の競争」が働く仕組みに。

時代遅れ㉖ 明治にできた四七都道府県の枠組みで、いまだに予算も中央から地方に配分

← **生産性を高める法則㉖** 道州制で地方分権・地方議会のスリム化・市町村数の最適化を

道州制で給付と負担を明確にし、地方議員の数を削減。多すぎる地方自治体を再編し、さらなる効率化を。

時代遅れ㉗ 政治家の発言やメディアの報道を疑いなく信じる

← **生産性を高める法則㉗** 報道を鵜呑みにせず、誰が何のためにした報道かを考え、直接情報源にあたる

多くの記者のレベルは低い。本質的な真相ではなく、チープ&フェイクニュースが拡散する。メディアリテラシーを高めるためには、議事録などの一次情報にあたれ。

時代遅れ㉘　上から与えられた民主主義を、無批判に享受

⬅

生産性を高める法則㉘　金融や経済の社会教育で、国民全体のリテラシーを高めよ

民主主義のインフラとして、経済・金融の社会教育で国民全体のリテラシーを高めることが必要。今こそ『学問のすゝめ』の精神を思い出そう。

章末ミニ放談

恋愛にも産業にも新陳代謝を

別れ下手より、振られ上手なほうがいい。「愛の不良債権」がたまる前に次にシフトしよう。

第5章

「民主主義」の生産性を高めるために

「変わらない政治」の戦犯は誰か？

1 日本の政治が変わらない理由
政治家の嘘、変化を恐れる民衆、時代遅れの官僚制度

政治家は選挙公約でどれだけ嘘をついても、ペナルティがない？

キム　どこの国でも、政治家は、「嘘」をつくのが常態化しているように思います。例えばラーメン屋に行ってステーキが出てきたり、ステーキ屋に行ってラーメンが出てきたりしたら、誰でも怒りますよね。ところが、多くの議員を見るとそれが当たり前で、しかも誰も怒らない。私にはこれが不思議でしょうがないんです。

選挙のときには、どの政党も美しい公約を掲げます。ちょっと考えれば明らかにムリとわかりそうなことでも、国民はなんとなく額面どおり受け取って、選挙後にそれをあっさり反故《ほご》にされて騙される。それをずっと繰り返している気がします。

例えば投資の世界では、「目論見書《もくろみ》」というものが存在して、投資の内容やリスクファクター（危険因子）などが提示されます。投資家はそれによって保護されるわけ

ですよね。ところが、国のリーダーを決めるというもっと重要なことに対して、有権者の権利は保護されていない。これはおかしいんじゃないでしょうか。

竹中　だから慶應義塾大学の曽根泰教先生などのグループは、**「マニフェストスイッチ」**という活動を行なっています。選挙の前に、すべての候補者のマニフェストを一覧できるようにしているんです。

あとは、今までの政権のマニフェストもしっかり採点しなきゃいけないですね。**ちなみに自民党にとって憲法改正というのは、結党以来の党の要綱なんです。憲法を変えるために存在しているのが自民党と言ってもいい。**「安倍政権になってから唐突に改正を言い出した」という批判もありますが、別に唐突ではないんです。

むしろおもしろいのが民進党で、**民主党時代から党の要綱が存在しない。**

キム　じゃあ何をやるための政党なんですかね。

竹中　そのとおりなんです。まして**先の政権交代のときには、歳入庁を作ってベーシックインカムをやると約束していた。ところがベーシックインカムにはまったく手を付けず、約束していなかった増税をやった**んです。

約束したことをやらずに約束してないことをやったわけだから、もうむちゃくちゃですよね。これほど民主主義を馬鹿にした話はないと思いますよ。

キム　結局、公約を反故にしても多くの政治家には、まったくペナルティがない。これはおかしいですよね。国民も断固文句を言うべきですが、次の選挙でペナルティを与えずに、簡単に忘れてしまう。

人間は得るものより失うものに執着する生き物
——行動経済学からの教訓

竹中　だいたい政治がなかなか変われないのは、政治家以外の要因もあります。**行動経済学的な話ですが、私たち自身、変化を嫌う傾向を持っている**んですよ。

例えばキムさんの行きつけのレストランに、A定食、B定食、C定食があったとします。気がつくと、いつもA定食を選んだりしていませんか?

キム　もちろん。私が今いるシンガポールでは、びっくりするくらいチキンライスとドリアンばかり食べてますよ。もう他は選ばない。場所も、デンプシーヒルの七番地、そこの「皇中皇」という濃厚なドリアンしか食べません。

竹中　そうですか(笑)。あるいはネクタイを買いに行って、いろいろなデザインがあるなと認識しながら、結局いつも似たようなものを選んでしまうこともあるでしょう。

これはなぜなのか。人間は完全に合理的ではないということを経済学的に説明しようというのが、行動経済学の考え方ですね。

キム　むしろ合理的だからじゃないですか。

全消費カロリーの五〇パーセントは脳みそが使っているという説もありますから、

エナジー制限のために余計なことは考えないと。

竹中　エナジー制限というのも一つの説明だと思いますが、ふつうの説明としては、**「人間は得るものより失うものに対して大きな価値を見出す」**ということなんです。

例えばA定食、B定食、C定食から選ぶ場合、Aばかり食べているとBがどれくらいおいしいかわかりませんね。しかしBを選ぶと、お気に入りのAを失うことになる。その喪失感にすごく大きな価値を置いているから、結局Aを選んでしまうわけです。

あるいは入札で考えてもわかりやすい。最初に一〇〇〇万円を提示したとすれば、対象に一〇〇〇万円の価値があると判断したということです。ところが相手が一〇五〇万円を提示したら、さらに上の一一〇〇万円を提示したりする。場合によってはどんどん競《せ》り上がっていくわけです。

でもこれっておかしいですよね。一〇〇〇万円の価値を見出したなら、それ以上の値段を出す必要はないはずです。

それでも出してしまうのは、これを他人に持っていかれることに対する恐怖心が強いからなんです。

キム　なんだか、昔からの冷めきった恋人と別れられない、慣れ親しんだ過去にしがみつく人に似ていますね（笑）。**特に日本人の場合、失くすのがイヤだという意識がすごく強い民族**ですよね。

竹中　それはノスタルジーですね。特に保守の中の一部の人にそういう傾向が見られる。しかし、何か選択を迫られたときには、あえて恐怖心を抑えて新しいものを選ぶくらいのマインドセットを持っていないと、これからの変化の激しい世の中は渡っていけないかもしれません。

時代遅れの官僚終身雇用制度の弊害と、「安上がりなエリート促成栽培方式」の欠点

竹中　そしてもう一つ、**政治がなかなか変われない最大の理由は、政策が官僚終身雇用制度の上で作られているから**だと思います。

キム　どういうことですか。

竹中　官僚は政権が代わろうがどうしようが、クビになりません。公務員なので、不利益処分を受けるときはいろいろ条件がつく。公務員には団結権がないので、ストをしてはいけないことになっている。その分、しっかり守られているんですよ。

それに、**官僚は終身雇用制で、東大を何番で卒業して公務員試験に何番で受かったか、そしてどういうキャリアを積んだかがずっとついて回る。そういう人たちが、政府の政策をずっと継続させているわけ**です。

だから業界団体等としては、ある時点でお上の言うことを聞いていれば、次も安心なんです。

逆に逆らったりすると、その時点ではうまくいったとしても次で仕返しを食らう。「江戸の仇《かたき》を長崎で討つ」という言葉がありますが、それを官僚たちはやるんです。だから**お上はすごい力を持っている。その力の最大の要因が、終身雇用・年功序列なんですよ。**

キム　官僚には終身雇用と年功序列が保障されているため、そういう人に一度でも逆らうと、ずっと恨まれてどこかで復讐されると。だから国民や業界団体は省庁に対して恐れを持っていて逆らえないということですか？

竹中　そうです。経団連をはじめとする業界団体は、みんなそれをわかっています。**だから経団連の事務局というのは、同じく年功序列で霞が関理論に追従する官僚的組織になっているわけです。**いわば「民僚」です。**誰かがお上に逆らって改革をやろうとしても、だいたい裏切るのは経団連**なんですよ。

キム　つまり**財界は官僚に従い、官僚は議員に「先生、先生」と擦り寄り、議員は財界からお金を恵んでもらう。そういうトライアングルになっている**わけですね。

竹中　そのとおり。**その鉄のトライアングルは強力で、お互いにもたれ合う仕組みになっている。**官僚は国会議員の先生に自分たちが作った法案を通してもらわなきゃいけない。議員先生は財界からお金をもらわなきゃいけない。財界は官僚に支配される立場にあるから、いろいろお伺いを立てなきゃいけない。

そういうジャンケンのような形になっているんです。

このトライアングルはすごいですよね。アメリカだとコインの裏と表だから、勝つか負けるかなんだけど、日本はジャンケンだから明確な強者がいないんですよ。

ついでに言うとね、**これまでの官僚制度というのは、要するにエリートの促成栽培制度**なんですよ。国家公務員の上級試験というのがありますよね。しかし、その試験を通っただけで高級官僚になれるというのは、どう考えてもおかしいでしょ。そんな大した試験じゃないんだから。

キム　そうですよね。こんな試験で「真の公僕」に必要な能力を測れるんですかっていう感じです。

竹中　近代国家を作るとき、とにかく誰かをエリート官僚にしなきゃいけなかった。だから促成栽培制度を作ったんですよ。

それが今日でも残っている。**大学入試というのも、促成栽培の一環のようなものですよね。あんなもので人間の能力を測れるわけがない。結局、ものすごく安上がりな**

制度なんです。

上からの近代化も時代遅れ――ビスマルクに影響を受けた、大久保利通に遡る源流

竹中　実はこの原点は明治維新後の大久保利通に遡《さかのぼ》ると思います。明治新政府の発足早々、大久保は岩倉使節団の副使節団長としてアメリカとヨーロッパを回っています。

実はそのとき、ドイツでビスマルク首相の自宅に招かれているんです。そこでビスマルクは、大久保たちを相手に熱弁を奮ったと言われている。曰く、**ドイツというのは、小国プロイセンを中心としてようやく統一された国家であるわけです。しかしヨーロッパではイギリスとフランスが先行している。ドイツが彼らに追い付くためには、上からの近代化じゃないとダメだ**、と。

つまりイギリスやフランスでは、ブルジョアジーが育ち、啓蒙思想が育ち、それで市民革命が起きて近代化が進んだわけです。しかしドイツとしては、そんなプロセスを待っていられないと。そこで上からの近代化が必要と説いたんです。

大久保は、ビスマルクの話にすっかり感化されたらしい。**帰国後に内務省を作って初代の内務卿に就任すると、殖産興業を徹底しながら上からの近代化を強引に推し進**

めていくわけです。そのために内務省の中には警察も入れました。時には警察権力を使ってでも、国民に言うことを聞かせようとしたんですね。

だから大久保は日本の近代化にたいへん貢献したことは間違いありませんが、庶民からはすごく恨まれたそうです。それで結局、四十七歳の若さで六人の士族にめった刺しにされた。これがいわゆる「紀尾井坂の変」です。いかに恨みを買っていたかということでしょう。

キム　警察権力を政策に使うとね。

竹中　**内務卿というのは、今でいえば総務大臣です。私が総務大臣になったとき、総務大臣室には大久保利通の書が掛けてありました。そこに書いてあったのは「甲《こう》東《とう》」。**これは大久保の号で、鹿児島にある甲突川の東という意味です。そこはもともと下級武士の集まる場所で、西郷隆盛もそこにいた。

つまり「自分は国家権力を笠に着た不人気な政治家だけれど、もともとは下級武士です」ということを言いたかったんですよ。

キム　「お国のため、民衆のためにやっとんのやで」ということですか。

竹中　そういうこと。それでわざわざこう書いたと言われています。

キム　おもしろいですね。ビスマルクと大久保利通にそんな接点があったとは。

竹中　大久保っておもしろいよね。

本当に下級武士だから、**三十一歳になるまで藩主にお目通りしたことすらなかった**

んです。ところが**四十七歳で亡くなったときには、天皇の側近だった**わけですからね。**十六年間でそこまで駆け上がった。**

キム　結局、明治維新というのは、二〇一一年にチュニジアで起きたジャスミン革命の百五十年前の日本版という感じがします。改革精神旺盛《おうせい》な若い人たちが人口動態的に多かったからこそ、できたことでもあるんですよね。

2 総理大臣も大きな変革は難しい
官僚・政治家・メディア・閣僚の抵抗

失脚しないためのリスク管理が変革の足かせに
——総理を引きずりおろすのは野党ではなく与党

キム　かつて小泉さんは「抵抗勢力」という言葉を流行《はや》らせました。安倍さんはずっと「岩盤規制」と戦うと言い続けています。ただし、岩盤規制に変化がないことが、政権への批判につながっています。

傍から見て不思議に思うのは、**リーダーである総理がやろうとしていることが、なぜすんなり進まないのか**ということです。

特に、いわば総理の直轄である与党や省庁の内部で一生懸命反対している人がいるわけですよね。

この構図がわかりにくいのですが、どんなことになっているんですか？

竹中　まず**日本では、総理というのは国民に直接選ばれたわけではないんです。国民に選ばれた国会議員が、国民の代表として総理を選ぶ。**では、**与党の国会議員はどういう基準で総理を選んでいるかというと、「この人を看板として次の選挙で自分が勝てるかどうか」ということ**なんです。

キム　その人にリーダーシップがあるかどうか、賢いかどうか、といった基準ではないわけですね。

竹中　**言い換えるなら、総理を引きずりおろすのは野党ではなく、与党**なんです。選挙で勝てないと思ったら、代わりに勝てる人を立てるわけです。

そうすると、総理は引きずりおろされないように、いろいろバランスを考えなきゃいけない。仲間内に足を引っ張られないように。

しかし一方、**そもそもリーダーとは何かといえば、組織に新しい変化を持ち込める人のことです。それには当然、リスクがつきまとう。だから総理には、常にリスク管理が求められます。**

例えば民間企業でも、社長は副社長や専務にポストを狙われているかもしれません。それに備えたリスク管理が必要でしょ。

そういう観点から見ると、**日本の組織はリスク管理にものすごく大きな労力を割《さ》かなければいけない。しかし、そこを重視するほど、得てして大きな変革はできなくなる**わけです。

ただし、小泉さんの場合は例外。圧倒的な国民の支持を背景にして、少数派であるからこそ、あえて対立点を作る戦略が大きなメリットになった。非常に特殊な政権だったと思いますね。

総理に抵抗する官僚の、三つの手口
――族議員・ブラックジャーナリスト・大手新聞

竹中　また、**政策とは、突き詰めれば法律を変えて予算をつけるということです。実はその九割以上は省庁が作っている。**何万何千という職員は、政策のために働いているわけです。細かい調整を必要とするような政策が、毎日のように出てくるんです。そこで作られた法案が閣議にかけられて、閣議決定される。これを閣法と言います。

その中には、**省庁が自主的に法律を変えていく場合もあります。**例えば最近だと、金融庁が資金決済法を改正して仮想通貨を決済手段として使えるようにしましたね。これは別に政治家がリーダーシップを取ったのではなく、金融庁が市場の動向を見ながら決めたわけです。これに対しては特に反対する人もいないですよね。これは政策の一つのパターンで、粛々と進めてもらえばいい。

キム　政治家としても主導するインセンティブは働きにくいですしね。

竹中　ところが**問題なのは、最終的に政治的な判断が必要な場合です。役人だけでは判断しきれない問題がある**わけです。

ＪＡＬの再建などは典型でしょう。民間企業に税金を投入するか否かという判断だから、政治が大きな責任を負うわけです。あるいは郵政民営化のような大改革も、政治の責任で行なわないといけない。

しかし、これが一筋縄ではいかないんです。**官僚にも、やりたい政策とやりたくない政策があるから、政治家に対してバイアスをかけてくる。**

例えばＪＡＬの場合、当時の大臣に「ＪＡＬが潰れたら大変なことになりますよ。これは穏便に収めなきゃいけませんよ」と注進するわけです。そうすると、**特にそれに対して信念のない大臣や政治家は、「そりゃあそうだな」とあっさり納得してしまう**んですよ（笑）。

しかし、そこで総理がリーダーシップを発揮して「それはダメだ」とか「絶対にこうするんだ」と言い出すと、官僚と総理との間で壮絶なバトルが始まるわけです。

キム　それは、官僚からすると、今までの政策や既得権を手放すことになるからですか？

竹中　そうですね。ないしは今までの政策が間違っていたということになりますからね。かつての不良債権処理のときなんか、その典型です。それまでに自分たちが行なった資本注入が不十分だったことが証明されてしまうから。

キム　官僚はどんな手で抵抗してくるんですか。

竹中　よくあるのは、**族議員に泣きついて国会で総理を叩かせる。あるいはブラックジャーナリストのもとに駆け込んで、スキャンダラスなことを書かせる。またはブラックじゃなくても、大手新聞に手を回して自分たちに都合のいい記事を書かせる。**

政策のことは、政治家もよくわかっていないけど、新聞記者もじつはよくわかっていないことが多い。日頃の貸し借りの関係で、官僚の言いなりに書いてしまうわけです。

役所は無謬《むびゅう》性を追求する習性があるから、この三つは必ずやりますよ。

政治家もメディアも官僚に抱き込まれ、革新をはばむ

竹中　それから官僚がやりたい政策がある場合は、自分たちで動くと角が立つから、誰か国会議員を担ぐんです。「事務的なことは全部うちがやりますから、先生の名前で法案を出してください」と。こういうのも結構ありますね。

キム　つまり、この議員が言えば周囲も怖がって文句を言わないだろう、という人

に目をつけるわけですか。怖さだけで食っている議員って、けっこういそうですからね。ヤクザの世界みたいに。

竹中　そういうパターンも結構ありますね。そこで何度も言うけれど、**役所を敵に回す政策こそ、本当はメディアに応援してもらいたい**んですよ。ところが、逆にメディアはそれを叩いてくるわけ。だから大変なんです。

キム　すごいですね。要するに**政治家にしろメディアにしろ、主要ステークホルダーの多くが何もわかっていないまま大騒ぎを起こしている**と。

竹中　そういうことですよ。だから大臣が妙にがんばると、たいへんなリスクを負うんです。**一方、がんばらない大臣はリスクを負わないかわりに名前も知られない。**だから、一回国民に聞いてみたいですよね。「**あなたは今の一八人の閣僚のうち、何人の名前を言えますか？**」と。

キム　いや、これは皆ほとんど答えられないでしょう。つまり、大臣が何もやってないことの現れですね。

それにしても、生々しい話をありがとうございます。**官僚と族議員のシステム、官僚によるメディア利用、それに何もしない大臣のほうが生き長らえるという皮肉。**私たちがポリティカルリテラシーを高めるために、この三点は覚えておいたほうがいいですね。そしてそれこそが、社会の政治改革や民主主義のレベルアップを阻害しているものだと思います。

大臣は能力ではなく、政治的判断で選ばれる

キム　ところで今、大臣の話が出ましたが、**そもそも大臣ってどんな基準で選ばれているんでしょうか。**どう考えても専門から一番遠そうな人が選ばれたりしていますよね。いかにも**役に立たなそうなおじさん、おばさんがいっぱいいるわけですが。これも多くの国民が抱いている巨大な疑問**だと思います。

一般的には、何期目の議員だとか、派閥の顔を立てるといった内輪の論理で選ばれているイメージなんですが、実際はどうなんですか？

竹中　まぁ、それがベースですね。**もちろん政治的な判断で選ばれているわけですが、それは基本的にその人が専門家かどうかではありません。**

前の選挙で支えてくれたとか、そういう政治判断ですね。そういう意味で、選ばれるべき人が選ばれないと、党内がざわついたりするんです。

キム　民間企業の場合、経営陣の人事によってうまくいくかいかないかが大きく左右されます。政治もある種のビジネスなので、もちろん人事が一番重要だと思うのですが、歪んだ選択が昔から行なわれていたわけですね。

これは今後も変わる気配がないという感じですか？

竹中　**政策というのは、時間がかかるんですよ。法律を通して実施するまでに一〜**

二年はかかる。さらにその成果が出てくるまでには、もう何年も待たないといけません。**だから、大臣の成果はなかなか評価しにくい**んです。

「政策通」大臣の悲しき実態
——官僚は政治家に「貸し」を作り、味方に引き入れる

竹中　もっとも、日本の政治家に政策能力が足りないことは事実ですね。何かあったら官僚に教えてもらうしかない。そこに官僚の生きる道があるわけです。**官僚の最大の力は、政治家に貸しを作ること**です。それによって政治支配から逃れることができる。

とりわけそういう訓練を徹底的に受けているのが、財務省です。財務官僚はすごい。ほぼ全員が手帳を持ち、何でも片っ端からメモしている。で、こちらでいろいろ話したら、三日後くらいに電話がかかってきて、「大臣、先日お話しされたことについて調べましたので、ご説明に伺ってもよろしいでしょうか」と来るんです。たしかに使える情報をすべて調べて教えてくれる。これはすまんなということで、政治家は彼らに借りを作ってしまうわけです。

しかも、相手は政治家だけではない。私が大臣を辞めた後でも、局長や次官が挨拶に来て、近々に発表する重要案件などについて説明してくれたりするんです。

それが、今でも来るんですよ。**この人には誰々と、それぞれマンツーマンで担当者を決めているら**しい。

例えば稲田朋美さん（元防衛大臣）の場合、安倍政権の閣僚でありながら、途中から増税派に転じたんです。これも財務省のマンツーマンの成果で、稲田さんと同郷の福井県出身の財務官僚を担当者に付けたからと言われています。

キム　いろいろ親切に教えてもらえると、心情的に絡め取られますよね。

竹中　そう。よほど強い信念を持つ政治家ならともかく、連日のように面倒を見てもらっていたら、言うことを聞いてしまいますよね。

しかも、官僚の言うことを聞く政治家には、もう一つ「特典」があるんです。**官僚が新聞記者に対して「あの人は政策通だ」と吹聴《ふいちょう》してくれる。**

見方を変えれば、**メディアでよく言われる「政策通」とは、役人の言うことを聞いてくれる、官僚にとって都合のいい政治家という意味**です。

「役人の言うことを理解できないアホではない」ということなんですよ。

キム　たしかに麻生太郎さんとか、よく「政策通」と呼ばれます。財務官僚の言うことをよく聞いてくれるということなんですね。

竹中　最近では、元厚労大臣の塩崎恭久さんなんか、絶対に「政策通」とは呼ばれないでしょ。彼は本当にわかっているから、官僚にいろいろ言われても「お前は間違っている」とやり返すんですよ。

キム　そういえば最近、あまり表に名前が出てこないですね。塩崎さんはどんな改革をしようとしていたんですか？

竹中　例えば法案を出すと、成立する頃には官僚に歪められて骨抜きにされていることがよくあります。

しかし特区の法案を出したとき、塩崎さんはそれを官僚に歪められた形ではなく、政治主導で強い法案に戻してくれたんです。非常に信頼できる方ですよ。あるいはＧＰＩＦ（年金積立金管理運用独立行政法人）の基本ポートフォリオを変更する改革を主導したのも彼でしょ。

キム　そういえば先生も「政策通」とは呼ばれませんよね。呼ばれるとすれば「ユダヤの手先」とか「新自由主義者」とか「貧富の格差を広げた張本人」とか「脱税王」とか。先生、ひどいことやってますね（笑）。

竹中　全部言ったな（笑）。

キム　つまり、メディアや官僚に応援される政治家というのは、往々にして既得権益にがんじがらめになって、結局何もやっていないということなんですね。**さんざん悪評を立てられている人のほうが、むしろ既得権益に切り込んで国民のために戦っている。**そこに気づかず、メディアと一緒になって批判するのは虚《むな》しくないですか、ということですよね。

肥大化した官僚組織を変え、日本の生産性を上げるために

キム　いろいろお伺いしていると、日本の政治が時代遅れのまま変われないのは、結局官僚組織の力が肥大化していることに尽きるように思います。法律や規制の力で財界ににらみをきかせ、しかも歯向かう政治家を容赦なく叩き落とす。これは日本の政治の大きな特徴でしょう。では、この官僚組織の力を削ぐ道筋というものはあるんでしょうか。

竹中　それが政治主導ですね。先にも言いましたが、官僚と政治家と財界というのは、ジャンケンのような構造になっています。**官僚は財界に強い、財界は政治家に強い、そして政治家は官僚に強い。**この三つ巴《どもえ》ががっちり組み合っているから、日本はなかなか変われないわけです。

しかし、**政治家がしっかりイニシアチブを取れば、官僚は言うことを聞かざるを得ない。**政府はある種の軍隊のような仕組みなので、上下関係はきわめて明確なんです。

キム　政治家が官僚より無知だから官僚に抵抗されたり足を引っ張られたりするわけで、もっと強くなれば、いい意味でジャンケンのバランス構造が崩れるということですね。

民間企業の場合でも、チェンジマネジメントがうまくいくことが成功の条件です。アメリカのGEがいつまでもトップ企業であり続けているのは、とにかく変わり身が早いから。企業のメッセージとして、**「我々が作っているのは事業ではなく変化できるリーダーである」**と打ち出しているんです。あるいは政府にしても、例えばシンガポールの政府は積極果敢に変革を遂げていますね。

ところが、官僚組織は驚くほどチェンジマネジメントが下手です。これを変えるには、制度的な縦割りを変えるとともに、やはり優秀なチェンジ・リーダーを登用し、育成しなければならない。

ちなみに、官僚には自分の省庁の論理しか考えない昔ながらのオジサン官僚に不満を持つ、改革派の志高い若手官僚もいます。また、そんな若い官僚を応援する改革派の中堅も結構いらっしゃいます。彼ら、彼女らの奮闘にも期待したいと思います。

3 政策決定までの非生産的プロセス
議院内閣制の本質、「政府与党一体」の弊害と、官僚・野党・国会への対応

政策は国会ではなく、与党の会議でほぼ決まっている

キム　素朴な疑問なんですが、政策はどんな手順で決まっていくのでしょうか。一般人から見ると、遅々として進まず、だんだん骨抜きにされて、結局時代遅れのルールが温存されるというイメージがあります。つまり、きわめて非生産的なわけです。

例えば先生が小泉政権下で法案を通すとき、一番苦労されたのはどういうところですか？　言い換えるなら、**真っ当な法案はどういうふうに潰されるのか。なぜ意思決定までに時間がかかるのか。**これを国民が知っておくことは、けっこう重要だと思うんです。

だいたいダメになる企業というのは、意思決定のプロセスがきわめて長く、妥協ばかりを重ねて永遠に何事も起こせなかったりします。**つまり、マネジメントやガバナンスが不在**なわけで、そういう場合に、企業再生を担う側が真っ先にやることは、経営陣を刷新することです。しかし政治の場合には、そうもいかないですよね。

竹中　まず根本的なことですが、議員内閣制とは何か。この問いに正確に答えられる日本人は多くないですよ。小学校や中学校の社会科でちゃんと教えないから。

議院内閣制を一言で表現すれば、政府与党一体ということ。つまり与党のトップが政府のトップになるわけで、現状では自民党総裁の安倍晋三さんが内閣総理大臣にもなっているわけです。

したがって、政府の中で何かを決めるときには、与党の中でも同時に決めなければいけない。**政府の最高決定機関は内閣の閣議ですが、その前日までに与党の最高決定機関である総務会で認められないと閣議決定できない**んですよ。

言い換えるなら、**各大臣が出席する閣議にかけるまでが一番大変**なんです。閣議決定するということは、与党の了承を取っているということ。そのためには総務会の最終決定が必要で、その下には政調会があり、さらにその下には各部会がある。ここでいろいろ説明しなきゃいけないんです。

キム　だからまず部会で決まり、政調会で認証をもらい、その後で総務会を経てようやく閣議決定。閣議決定はもう了承するだけという感じですね。

抵抗のトライアングル
――官僚・族議員・既得権益企業との闘い

竹中　そこで重要な役割を果たすのが官僚です。彼らはこの党の部会と、密接に結びついている。自分たちの出した法案を、部会の議員先生方に根回ししているんです。つまり省庁の出した法案については、すんなり承認されやすいわけです。

ところが、**郵政民営化法案のように官僚から出された法案ではない場合は、官僚と部会の議員先生方が手を組んで、徹底的に抵抗してくる**んです。

そうなると、味方は誰もいません。時には官僚は、国会用の答弁も作ってくれない。そこはもう真剣勝負で向き合い、説得して、最後は総理の意向の下に決定するしかない。

キム　そこがすごい。官僚は本来、大臣の部下のはずなのに、言うことを聞かないということが起きるんですね。

竹中　そういうことです。またトライアングルの話になりますが、**政・財・官の結節点にいるのが官僚なんです。一方には政治家の族議員がいて、もう一方には既得権益を持った企業があり、この両者を取り持つのが官僚**なんですよ。

郵政民営化なんて言うと、族議員は反対するし、郵政の職員も反対するし、官僚も天下り先が減って困るから反対する。みんなで反対に回るわけです。

キム　抵抗のトライアングルですね。

仮に部会を通過したとしても、その後の政調会、総務会でもまた山場があるわけですか？

竹中　揉めることはすごくある。**ふつう、政調会や総務会というのは、官僚がすべて説明するわけです。ところが郵政のような法案になると、「大臣を呼んでこい！」という話になる。私はもう何回も行きましたよ。**

最初に総務会に行ったときは、本当に凄い迫力だった。

鈴木宗男さんや山中貞則さんをはじめ、ベテランがズラリと並んでいるんだから。特に山中さんは開口一番、「おい竹中、俺を知っているか」と（笑）。「この世界で山中先生を存じ上げない者はおりません」と答えて郵政民営化について粛々と説明したら、「うん、思ったより賢いな」とおっしゃった。これはね、すごい誉《ほ》め言葉なんですよ。

それ以降、山中さんはすごく私の味方をしてくれた。

キム　そんなことってあるんですか。

竹中　実はこれが、自民党の与党としての懐の深さでもある。税制改革の説明で総務会に出たときには、例によって非難轟々《ごうごう》だったのですが、最後に山中さんが「**俺がいいって言ってるからいいじゃないか**」と助けてくれたんです。

キム　政策の中身もさることながら、そういう人間関係とか、誠意の見せ方とか、汗をかいている姿とかも重要だったということですね。

竹中　そう。**筋が通っていて、一生懸命やっていれば、まったく話が通じないというわけではない。**そういう世界でした。

全然緊迫していない国会審議
——採決では勝てない野党が狙う会期末の攻防・不信任案

キム　総務会をクリアしたら閣議決定を経て、今度は国会に持っていくわけですね。

竹中　そうです。では国会とは何か。もともと与党は議席を半分以上持っていますから、採決すれば可決するに決まっています。最終的には、強行採決という手段もあります。しかし強行採決をすれば、また新聞がいろいろ書き立てて世論が反発する。だから内閣は丁寧に説明しているような姿を見せなきゃいけない。国会とはそういう場所なんです。

キム　そうですよね。実質的には、国会の議論はどうでもよくて……。

竹中　国会はどうでもいいなんて言うと大変なことになる。それはもう失言中の失言ですよ。国会は国権の最高機関です（笑）。

キム　どうせ私はいつも炎上してますから（笑）。

竹中　いや、キムさんは将来どこかの選挙に出るかもしれないからね。そのとき、昔は国会をバカにしていたじゃないかとか言われるよ。

キム　炎上芸は先生から譲り受けたんです。それにしても、国会の議論のレベルがきわめて低いことは事実ですよね。

竹中　国会で質問するのは、ほとんど野党議員ですよね。与党議員は政調会や総務会でさんざん議論しているから、もう質問することもないんです。**しかし野党議員は、採決されれば負けてしまう。だから採決させないような行動に出るわけです。**

閣僚のスキャンダルのようなものを拾い上げて、「こんな内閣の下では審議できない」と訴えるのもその一つ。それを理由に国会を止めるわけです。**国会には会期がある。会期がきてしまったら、法案は廃案になる**んです。それは政府・与党の負けです。つまり**野党は、寝転がって国会を長引かせれば勝ち**なんです。

キム　これは本当に構造的な問題ですね。真正面から議論することが本来の仕事のはずなのに、どうせ議論しても意味ないからと、スキャンダルを引っ張ってきて議論させないことが仕事になっている。

竹中　そうです。だからそういうことこそ、メディアに伝えてもらいたいんです。**本当は重要な法案の議論をせねばならないはずなのに、些末なスキャンダルばかり取り上げていると。ところがメディアはそう書かない。むしろスキャンダルに油を注ぐような報道ばかりしている**わけです。

象徴的なのが、会期末に野党が本会議でよく提出する内閣や大臣に対する不信任決議案です。あれ、何のために出しているかわかりますか？

キム　時間稼ぎですよね。不信任決議は優先しなきゃいけないから。

竹中　そうそう。それで重要な採決を阻止しようとしているわけです。**野党がそういう手を使うのは仕方がないと思いますが、けしからんのはメディアです。**こういうとき、例えばテレビ中継で報道記者が「国会はにわかに緊迫してまいりました」なんて言っていますが、緊迫なんか全然していない（笑）。

本来なら、**「国会は会期末になりましたので、例によって時間稼ぎの不信任決議案が出されました。これから事故がない限りは粛々と否決されて、一日半ほど採決が長引きます」**と言わなきゃいけない。

キム　それが悲しき実態だということですね。

「内閣」の生産性の高め方

キム　つまり法案の命運というのは、結局官僚が党の部会に上げる時点で九割ぐらい決まっているということですか。

竹中　そのとおり。ただし法律によります。すんなり行くものもありますが、大きなビジョンに基づいて根本を変えるような法案は、そう簡単ではない。やはり総理大臣と担当大臣が覚悟を決めてやらないとできないですね。

キム　いろいろ伺っていると、もうシステムに手詰まり感があって、制度疲弊もいいところだなあという感じがします。

もし先生が神の手を持って自由に改革できるとしたら、どこを変えますか？

竹中　一つ考えられるのは、国会の会期をなくせばいいかもしれないですね。通年国会ですよ。

キム　野党の時間稼ぎができなくなると。

竹中　それに、いざどこかの国からミサイルが飛んできてもすぐ国会を開けますしね。ただし、国会が連日開かれるとなると、官僚は国会答弁ばっかり書かされて行政が行き詰まってしまう。皆へとへとになっちゃうね。だから**通年国会にして、内閣は出席せずに与党と野党でとことん議論すればいい**んです。与党はすでに法案を理解して合意したはずだから。

キム　それはかなりの大鉈《おおなた》ですが、確かに官僚が作った答弁書を読むだけの非生産的な時間は、大幅に削減してほしいですね。

閣僚に仕事をさせない「国会縛り」——シンガポールとの比較

キム　いろいろ伺っていると、いっそシンガポールのような一党独裁のほうがいいような気がしてきました。国会議員と地方議員の数を一〇分の一にして、そのかわり給料を一〇倍にしたほうが、政治はよほど効率的で生産的になるんじゃないでしょうか？

竹中 シンガポールといえば、私が金融担当大臣になったとき、今のシンガポール首相のリー・シェンロンが財務大臣になったんです。彼と私とは、同じ時期にハーバード大学にいた間柄です。

それで、私が不良債権問題などでがんばっている姿を見て、彼は二回ほどシンガポールに招いてくれた。講演をしてほしいということでね。

そのとき、彼との個人的なやりとりがおもしろかった。「今、どういう生活をしているんだ？」と聞かれたので、「朝九時から夕方五時まで国会に縛りつけられている」と答えたら、「お前はいつ仕事をしてるんだ？」と（笑）。**彼によれば、シンガポールで閣僚が国会に呼ばれるのは一カ月に一回程度、予算案で忙しいときでも一週間に一回程度**らしい。

つまり**日本の国会は、国権の最高機関であるという名の下に、大臣に仕事をさせないシステムになっている。これは官僚にとってすごくいいシステムなんです。**自分たちの思いどおりにできるから。

キム 象徴的な違いですね。しかしこれは、**日本の政治だけではなく、民間企業でもよくあることかもしれません。結局、ノンコア（非中核的）な仕事を押し付けられて、貴重な時間も労力も奪われている。**

別の言い方をすれば、日本のサラリーマンと同じことが国の最高機関でも行なわれているわけですよね。ろくでもない時間潰しの質問にひたすら対応させられて。

竹中 またも国会軽視の発言だ（笑）。

キム でも聞けば聞くほど、答弁書を読むだけや的外れなスキャンダルをあげつらうだけの国会なら、軽視したくなるというか、シンガポール型のほうがいいんじゃないのと思えてきますね。

政治家は「変わった人」だらけ——ノンコアで非生産的な仕事が多すぎる

キム だいたい**国会議員は、ロール&レスポンシビリティ（役割と責任）を間違っています。**何が仕事なのか明確ではなく、謎の支持者回りばかりやっている。しかもクビにもならない。

特にノンコアな仕事に一生懸命ですよね。地元の冠婚葬祭にかならず顔を出したり。しかもそれが、政治家として仕事をがんばっていることのアピールになるという。

竹中 だから国会議員もいろいろですが、やはり国民の民度を反映していますよね。**「先生、今年の夏祭りに来なかったじゃないか」**とか**「地元のために国会で何をしてくれるんだ?」とか言われる**わけですよ。

キム　地元に国の予算を引っ張ってこいと。

竹中　そうそう。それで皆、国会議員は這いつくばってやっているわけです。だから**国民は国会議員を簡単に批判するけど、国会議員方の生活は、本当に大変ですよ。一度あなたがやってみろと言いたい（笑）。**

キム　誰もなりたくないですよね。

週刊誌にいろいろ書かれて、世間からは文句ばかり言われて。

竹中　ふつうに社会で成功している人は、政治家になるインセンティブなんてまったくないですよ。

私はよく言うんだけど、**あなたは自分の名前を書いたタスキをかけて街の中を歩けますか、マイクを持って大声で名前を叫べますかと。**

キム　たまに石まで投げられて。

竹中　**政治家は、相当変わったインセンティブがある人じゃないとできないですよ。**親が政治家だったとか、絶対にこの国を変えたいという、特別の信念を持っているとか。

小泉さんの場合は、それが郵政民営化だった。では安倍さんの場合は何かというと……。

キム　おじいちゃんの代からの悲願である、安保と憲法を変えることですよね。

憲法を変えないことには自主独立の尊厳がないみたいな信念を持ってるから、善悪とか社会の需要とかは関係なく、とにかくやりたいんだということでしょう。

竹中　政治家として信念がある場合、それは変わらないですね。

首相公選制は強いリーダーを選ぶ秘策か、衆愚政治への入り口か

キム　本章では、政治がなかなか変わらない理由と、議院内閣制の首相の大変さについて学んできました。そこで、**国会議員に選ばれるのではなく国民に直接選ばれる公選制にしたらどうでしょう。**

先の話にもありましたが、今の内閣総理大臣では基本的に国民よりも党を見て政策が決まる。なぜなら、与党と政府のトップを兼ねているからです。

しかし、例えば大統領制であれば、大統領と党のマジョリティが違うということはよくありますよね。そのほうが国民の声が届くし、余計なしがらみもない。

つまりガバナンスが効くんじゃないかと思うんですが、いかがですか。

竹中　私も首相公選制には賛成です。

例えば小池百合子さんは、良かれ悪しかれ旋風を巻き起こしました。それは、自分が知事として都民から直接選ばれているという強さの現れなんですよ。その自負が、大胆な言動につながった。

ただし、首相公選制にすると出てくる問題は、衆愚政治です。**国民投票によってロック歌手やお笑いタレントが選ばれたらどうするんだと脅す人が必ず出てきます。**とはいえ、国民は自分たちのトップを自分たちで選ぶとなると、それなりに自覚や責任も持つと思いますけれどね。むしろ、公選制で国民はもっとリーダーにふさわしい人を選ぶようになる、という可能性も十分あります。

キム **今の内閣総理大臣制でも、選挙で勝てる顔として、衆愚政治的な人が選ばれる可能性は十分ありますからね。**それにアメリカの大統領選挙と同じで、首相公選制とは言っても、まずは党の公認を取れるか、党のプライマリー（予備選考）で勝てるかという二つのステップもあるし。

竹中 そういう一連のステップはすごく大事。時間をかけて選ぶことで、見えてくるものがあるんです。

アメリカの大統領選挙は一年がかりですね。それをお祭り騒ぎとして批判する声も日本の一部にはあるようですが、あれは民主主義にとってきわめて重要なプロセスなんです。自然に政治への参加意識を持ちますからね。**四年に一度、国民が民主主義と政治について学ぶ絶好の機会なんですよ。**

賛否両論ありますが、アメリカは衆愚政治を避ける方策の一つとして、投票の登録制度を取っています。日本の場合は、選挙管理委員会から有権者全員に自動的に用紙が送られてきて、投票に行くでしょ。**しかしアメリカでは、自分から登録しないと投票できないんですよ。**

つまり、本当に関心の高い人だけが投票する。それによってスクリーニングをかけているわけです。これはあまり大っぴらには言っていないと思いますが、そういうロジックなんです。

キム なるほど。でも結局、首相公選制だろうが議員内閣制だろうが、衆愚政治になる可能性は常にあるという。

竹中 そうそう。政治の制度でこれが一番いいと言えるものなんてないんですよ。

章末ミニ放談

国民性は、変えられる？

なぜドイツ人と日本人だけが時間ぴったりにパーティーに来るのか

キム　先ほど、ドイツと日本は「遅れてきた近代化の国」という話が出ましたが、ドイツと日本には共通点が多いですね。

よく言われるのが、歴史的に昔は小国の連合だったとか、上からの近代化を進めるために法制度もその前提で整備したとか。

おもしろいのが、例えば様々な国の友人を招いてホーム・パーティーを開くとしますよね。そうすると、ドイツ人は開始時間きっかりに来るんです。日本人もそうですね。そこから三時間くらい遅れてアフリカ系の人が集まり、さらに二時間後にインドパーティーが始まる（笑）。

つまり日本人とドイツ人以外は時間をまったく守らないんですが、他の国の方々も、彼らなりに時間どおりに動いているんですよ。

実はドイツ人も、こういう国民性が昔からあったわけではないそうですね。急速な近代化の中で、次第に統制されて几帳面になったとか。それまでは、まったくそうじゃなかったらしい。そして、じつは日本人も、江戸時代までは特に勤勉でも何でもなかったと。

つまり**近代化の統制のプロセスの中で国民性が育《はぐく》まれ、今日のような姿にシフトした**ということですよね。

竹中　そうなんです。社会学者のマックス・ウェーバーは、有名な『プロテスタンティズムの倫理と資本主義の精神』の中で、プロテスタントの勤勉さが社会に近代化・工業化をもたらしたと説いています。

その観点で言えば、日本にも勤勉に働ける人はいなかったはずです。**実際、明治時代に富岡製糸工場などで働いていたのは、武家の娘たちだったんです。躾《しつけ》をきちんと**

受けた一部の日本人が、勤勉に働いたわけです。

キム　そこら辺の町のお姉さんたちには務まらなかったと。

竹中　そういうことです。時間どおりにやるとか、上から言われたことを守るとかは、もう躾なんですよね。つまり武士の娘が、日本の工業化を担ったわけです。

ドイツも日本も、勤勉さを奨励する躾が国民全体に広げられたんです。一国の国民性は、一時だけ見て思い込みで決めつけてはだめだということです。

第5章まとめ

時代遅れ㉙　選挙時のマニフェストは嘘だらけ

←

生産性を高める法則㉙　マニフェストの評価・検証システムを導入

選挙が終わるたびに公約を破る政治家たち。国民は簡単に忘れず、スキャンダルだけを争点にしてはいけない。

時代遅れ㉚　政財官の鉄のトライアングルで政策が決まる

←

生産性を高める法則㉚　強いリーダーが政治主導で改革を進める

官僚、財界、政治家、メディアが徒党を組んで、改革に抵抗している。しかし強い政治リーダーが政治主導で進めれば、「抵抗勢力」も従わざるを得ない。

時代遅れ㉛　政策は与党内でほぼ決まり、野党は国会で時間稼ぎに終始する

←

生産性を高める法則㉛　国会の期間を見直し、与野党で生産的な議論を

現在、野党は国会の会期切れによる法案廃止を狙い、時間稼ぎの質問や不信任決議案の提出をするしかない。国会の会期をなくし、内閣ではなく与党と野党で生産的な議論を。

時代遅れ㉜　**大臣は国会での質問対応で忙しく、本質的な仕事ができない**

⬅

生産性を高める法則㉜　**大臣が国会に出る頻度を減らし、コアな仕事に時間を割く**

大臣が自らの政策に割く時間を増やすことで、抵抗する官僚や族議員たちと闘い、本当に必要な政策を推し進めることもできる。

時代遅れ㉝　**議院内閣制では首相は与党議員から選ばれるため、大胆な改革が難しい**

⬅

生産性を高める法則㉝　**首相公選制で、国民に選ばれる強いリーダーを**

公選制で選ばれた総理なら、国民の支持を背景に、より大胆な改革が可能になる。

章末ミニ放談

国民性は変えられる?——なぜドイツ人と日本人だけが時間ぴったりにパーティーに来るのか

ドイツ人も日本人も時間に正確で勤勉だとよく言われるが、それも教育の成果。国民性も、時代と教育によって変わっていくものである。

第6章

時代遅れの規制を変えよう

新規参入を阻む既得権益構造

1

規制緩和で真っ先に手をつけるべきは農業
戦後の農地改革に縛られた規制の終焉

高齢化が進み、新たな担い手も現れない——自分で自分の首を絞めている農業

キム　一般的に「規制緩和」という言葉はよく聞きますが、結局、最優先で取り組むべき規制緩和は何なのでしょうか。

もちろん一〇〇個くらいは簡単に挙げられるでしょうが、もし先生が経済特区をすべて決められるという特権を得たとして、まず三つ挙げるとしたらどの分野ですか？

竹中　まずは農業ですよね。**日本の農業や水産業はすごいポテンシャルを持っているんですが、自分で自分の首を絞めているのが現状です。**従事者の高齢化が進んでいるのに、自分の利権を守るために新たな担い手を入れさせないから、どんどん衰退が進んでいる。結局、豊かな資源がムダになってしまっているんです。

例えば農業の場合、戦後の農地改革で農地の民主化が行なわれました。これはある

段階まで、すごく意味があったんです。ところがその段階を超え、**農業がグローバルに競争しなければならなくなってくると、やはり資本や企業系のノウハウを入れ、IT投資やマーケティングを行なわないと勝てません。**

ところがそれは、ずっと認められてこなかった。**戦前の大地主によるネガティブレガシーを連想させる、というのが理由です。ようやく二〇一四年に兵庫県養父《やぶ》市が農業特区の指定を受け、翌二〇一五年に、株式会社が五〇パーセント以上出資する農業法人が初めて誕生したんです。これは画期的なことですよ。**

キム　そもそも、農業ビジネスの世界では今まで会社が支配権を持てなかったんですか？　つまり各小作農さんが個々人で営《いとな》むしかないと。

竹中　そうなんです。**株式会社ではなく、農業をやっている個人が半分以上出資しないといけなかった。**農産物を生産・加工・販売している株式会社はありますが、基本的に農地を持っているのではなく、借りているだけです。**実は「借りていい」という制度を作ったのは小泉内閣で、それ以前は借りることも禁止でした。**

キム　いまどき、戦後の農地改革に縛られていたわけですね。

新規参入者を阻む、農協と農業委員会

竹中　話を戻すと、農業特区になった養父市は相当がんばったんです。

そもそも各地には農業委員会というものがあります。地元の農家の主のような人たちで構成されているんですが、例えば**農地を転売したり他の用途に使おうとしたりするときは、かならず農業委員会の承認を得ないといけない形になっている。**個々の農家の自由にはさせないんです。

キム　個人所有の不動産なのに勝手に売れないということですか？

竹中　売れないんですよ。売れるとすれば、例えば自分の娘を嫁に出すとき、どうしてもまとまったお金が必要になったとか、そういうときくらいです。

そこで養父市の広瀬栄市長は、この農業委員会を実質廃止して、転売等の承認が必要なら市が行なうと宣言した。

もちろん農業関係者は大抵抗です。実はいくつかの自治体がそういう動きを見せたのですが、すべて地元の農協や農業委員会に潰された。広瀬市長だけががんばり通したんです。

その結果、農業関連の民間企業はこれまで十年間で四社くらいしか入ってこなかったのが、ここ一年間だけで一〇社も入ってきたそうです。

キム　しかし農業関係者にとって、農地の売却を規制することに何のメリットがあるんですか？

竹中　まず、新しい持ち主が入ってくると、今の農業の秩序が崩れていくわけですよ。だいたい農協ってどういう組織か知ってますか？

キム　農家の人が集まってマーケティングとか全部やっている組織ですよね。

竹中　そう。集まってやるのは自由だよね。ただし**農協の最大の問題は、一つの地域に農協を一つしか作らせないという独占を認めていることです。つまり、競争を起こさせない。**だから、新しい人が来て新しい農協を作りたいと言っても、既存の農協が認めるわけがないんです。すごい制度でしょ。

キム　どうしてそんなルールがあるんですか？

竹中　とにかく新参者に既存の秩序を潰されたくないんですよ。でも、新しいものが入ってこないとイノベーションは生まれません。

せっかく農家の方が家族経営でおいしいものを一生懸命作っているのに、その平均年齢はだいたい私と同じくらい。六十代の方が多く、後継者もなかなかいません。だから**このまま放置すると、あと十年ほどで日本の農業は立ちゆかなくなってしまう**んです。

そういう現実が見えているにもかかわらず、多くの農業関係者はなお旧態依然として変わろうとしない。広瀬市長だけが、がんばっている状況ですね。その様子を見て、最近はようやく愛知県常滑《とこなめ》市など複数の自治体が追随しようとしています。

日本の農村を守るには、農協ではなく企業こそが必要

キム　たしかに、各国には農業関連のビジネスを行なう大企業がたいてい存在するのに、日本にはないですよね。つまり**日本の農業というのは、大地主から小作農を守るという昔の大義のまま今日まで来てしまったということですね。農業がグローバルに戦わざるを得ない、今のような時代をまったく想定していなかった頃の制度にいまだに縛られている**と。

竹中　そのとおりです。だからすごいですよ。**規制に何か一つでも穴を空けようとすると、「市場原理主義が日本の美しい農村風景を壊す」とか言われるんです。今までの秩序を守りたい人の執念というのはすごいですよ。**

キム　まあ先生は何を言っても「市場原理主義」と言われますからね（笑）。一方で耕作放棄地はどんどん増えている。

竹中　そうなんです。だいたい抵抗勢力のロジックというのは傑作でね、企業に農業を任せると、儲からなくなったらさっさと撤退して放棄地が増えるとか言うんです（笑）。**いやいや、現実は企業じゃなくて個人がどんどん農地を放棄しているわけでしょ。**

キム　なんなんですかそれ。「首相公選制にして変なヤツが首相になったらどうす

る?」というロジックに似てますね。あなた自身が十分に変な人ですって(笑)。自分自身が問題なのを、大いに棚に上げるという。

竹中 ときどき真面目な顔で本当に妙なことを言われるから、つい吹き出すよね。

2 日本だけ遅れているシェアリングエコノミー

Uber、Airbnbの参入に立ちはだかる、免許制という既得権益

キム 次に規制緩和すべき分野はどのあたりでしょう?

竹中 特区でやりたいことはいっぱいあるんですが、もう一つ挙げるとすればライドシェアリングを認めたいですね。

キム シンガポールではもう当たり前になっています。すごく便利ですよ。だってチャンギ空港から市街までタクシーだと約二二シンガポールドルかかりますが、ライドシェアなら、その半分以下で行けますから。ライドシェアは日本では禁止されているんですか。

竹中　全面禁止です。Uber（アプリやウェブから配車を頼めるライドシェアサービス）も、タクシー業界が猛反対している。

ただ、UberEATS（Uberが手がける、レストラン等の出前サービス）は問題なくやっている。あれなら免許はいらないから、特に抵抗はなかったんです。ところが、**タクシーは免許制です。**不特定多数の人々を運ぶからという理由で第二種免許の制度を作り、それを持っていないと営業できない形にした。**つまり参入障壁を作ったわけです。**

この抵抗勢力は強力ですよ。ルームシェアの民泊については、とにかくインバウンドの需要が急激に増えたので、ある程度なしくずし的に認めざるを得なくなったわけです。だからヘナヘナだけど何とか法律も作りました。特区でもできます。

しかしライドシェアにはものすごい抵抗がある。

政府の委員会などで私が発言すると、たちまち国会で「民間議員の竹中平蔵がライドシェアを認めよと発言をしている。まさか国交省は認めないだろうな」と私の名前を出して詰め寄るような質問が出るんです。

キム　つまり、**タクシー業界に一生懸命お願いされている議員先生がいるということですね。政治家に対するタクシー業界のロビー力はそれだけ強い。**たしかに、これだけタクシーが余って運転手の給料が減っている中、さらにライドシェアが入ってきたら死活問題ですよね。

竹中　そうですよね。でもキムさんにとってUberを使うのは当たり前でしょ。今の学生だって海外に行ったらみんなUberを使ってAirbnbの宿に泊まってますよ。タクシーに乗る人はほとんどいません。

私も先日、サンフランシスコの空港に早朝に行きたかったので、ホテルのコンシェルジュでリムジンを頼んだんです。そうしたら、近くにいたおばさんが「何でUberを使わないの?」って聞いてくるんです。「いや、日本では認められてないんでね」って答えたら、「Oh!」と言ってびっくりされた(笑)。都市にもよりますが、そのくらい、アメリカでは一般的になっているんです。

日本は「イノベーション許容値」が低い——民泊禁止は憲法違反?

キム　**シェアリングエコノミーに対する導入と拒絶って、その国のイノベーション許容値とかなり連動している**と思いますね。

その点、イギリスがすごいなと思うのは、あれだけ伝統を重んじる一方で、イノベーションものすごく大事にしている。だからUberも早々に認められたし、Airbnbに合わせた緩和も真っ先にやってるじゃないですか。

竹中　今の「イノベーション許容値」っていい概念ですね。

少し前、札幌のまったく知らない方から手紙をいただいたんです。「竹中さんは以前から競争メカニズムとかイノベーションとか言っていたが、正直なところ私はピンとこなかった。むしろちょっと反感を持っていた」と。

しかしその方は、札幌に空き家を持っているのですが、人口減の影響もあって、なかなか借り手が見つからなかったらしい。そんなとき、私がどこかでAirbnbについて話しているのを聞いて、登録したのだそうです。「おかげで今は泊まってくれる人がいて、なんとか私の生活が支えられている。すごくうれしい」という手紙だったんです。

キム　やっと地方にも先生のファンができたんですね、よかった(笑)。

竹中　ところが、この手紙には続きがある。周辺の住民が、変な外国人が泊まっている、と文句を言ってくるそうなんですよ。「日本はなんて許容量がないんだろうと思った」と書いてありました。

キム　まぁ、自分に何の影響もないのに陰で他人の足を引っ張ることに全力投球する人って、いますよね。

竹中　そういう新しい問題が起きている。だから今、新築マンションを売り出すときにも、「民泊は禁止」とわざわざ明記している業者がいます。

しかし、究極的には禁止にできないでしょう。**民泊の禁止については、誰かが憲法違反として訴えればいいと思う。**裁判所は保守的だから、どう判断するかはわかりませんが。

キム　何が憲法違反に当たるんですか？

竹中　私有財産の保障。私的な所有物だから、原則としてどう使ってもいいはずです。**例えば持っている不動産を二年契約で人に貸すのはいいのに、一日貸すのがいけないとはどういうことだと。**

「京都はアホや」——京都市民は不当な自治体の既得権益に負けるのか？

キム　なるほど。ちなみにシェアリングエコノミーについては、京都の対応がまさに、本書で一貫して議論してきた**「一部の既得権益を守るために、新規参入が阻まれて多くの人の便益が犠牲になる」という、時代遅れの既得権益保護**の最たる例だと思います。

京都府は、経済政策が一つもないまま、死にかけの経済で長年、経済活動が停滞していた印象でした。実際、インバウンド観光が盛り上がる前、地元の商店街はゴーストタウンでした。

最近になってようやくインバウンドで棚ボタ的に観光収入が増えて、京都の人は沸いている。Airbnbを通じて収入の機会を得て、経済的に自立した人も多く出てきています。

また、グローバル化対応という意味でも、ふつうの市民が家を提供して旅行者を泊めて交流するって、素晴らしい国際交流だと思うんですよね。

ところが、京都府および京都市の地方議員や首長ときたら、既得権益者の旅館・ホテルの顔色ばかり見て、このシェアリングエコノミーの規制緩和を実質骨抜きにすることに力を注いでいる。

桜が咲くシーズンには、普段八〇〇〇円くらいの、一五平米のビジネスホテルが四万円。ひどいときは、いわゆるラブホテルの一室がジャパニーズスイートルームとか言って八万円とかの値段がついていました。

せっかく京都に来てくれた観光客が、あの劣悪なホテルでこの値段を払うと思うと、肝心の観光に使うお金がなくなり、気の毒でなりません。

京都の異様な民泊規制は、**京都府民全体や観光客のためではなく、一部の既得権益団体のための規制強化**です。本書で議論してきた「イノベーションを阻害し、生産性を低める時代遅れの規制の集大成」のような気がします。

シェアリングエコノミーの普及を上回る経済効果のある策を、京都府議会や市議会は自分たちで一つでもできるのかっていう話ですよね。

竹中　亡くなった高坂正堯さん（京都大学法学部教授）はいつも言ってたね。「京都はアホや」って。

キム　その「アホ」の心は、変わらないことが至上命題になっているということですかね。

第５章でも、「人は新しく得られるものより、失うものに大きな価値を置く」から、政治の変化が難しい、というお話がありましたが。

竹中　もっといろんなことをやればいいのに、やっていない。

キム　**民泊については、「民泊新法」が成立して年間営業日数を百八十日以下にするというルールが決まりましたね。しかしこれも、自治体の反対でいくらでも骨抜きにできると聞きます。**

竹中　これがヘナヘナな法律なんですよ。百八十日ということは、一年の半分でしょ。稼働率五〇パーセントで本当にいいのかということが一つ。それに、**これはあくまでも上限を決めただけなので、地方自治体の条例でいくらでも日数を削れるんです。地元の旅館業界が強いところでは、これをゼロ日にする可能性もあります。**

キム　実際、京都ではホテルや旅館が暇な一月、二月の二カ月間には民泊営業を制限するという方針が明らかになりました。

これほどあからさまな大義なき既得権益保護もないですよね。**京都市民、京都府民は、この「京都独自の規制」が市民、府民の利益のためにあるのか、旅館団体の既得権益を守るためにあるのか、厳しく知事や市長に問いただすべ**

きだと思います。

竹中　この法律については、国が逃げたんです。「私は知りません。あとは各自、条例でやってね」って。

キム　すると地方としては、既得権を失いたくない旅館団体と、薄く広くベネフィット（便益）を受ける一般市民がどう戦うかという構図なんですね。これは市民ががんばらないと。

でも京都くらいAirbnbでやっと息を吹き返した人が多いところなら、そういう人を束ねれば何とかなる気もしますけどね。

竹中　**薄く広いのは弱い。束ねることはなかなか難しいと思う。**

でも例えば大阪の場合、府内の旅館とホテルの客室数は、二〇一四年の数字では約八万室あるんです。一方、Airbnbに登録されている室数は、すでに一万二〇〇〇室以上あるらしい。もう宿泊施設としては無視できない規模ですよね。

ここがライドシェアと違うところです。無視できない現実があるから、後乗り的にヘナヘナだけど、とにかく法律を作ったわけです。

規制緩和の広がりは地方自治体のトップの覚悟次第
——ヘナヘナ新法より、既存の法律の柔軟適用

竹中　**あまり知られていませんが、実は民泊百八十日の上限を撤廃する方法もあります。国家戦略特区になればいいんです。これは、首長の決断しだいですね。**

キム　なるほど。とはいえ京都市の市長といえばもちろん旅館業界にベッタリ支えられているわけで、あまり期待できなさそうですね。

竹中　京都はすでに特区なのに、ね。

キム　じゃあ結局ダメなんですね。京都みたいに世界中から人が集まる象徴的なところがそれでは、残念です。

竹中　でもそうすると、やがて何が起きるか。いわゆる「闇民泊」が広がるんですよ。今でもAirbnbを闇民泊と非難する人もいますが、市がクオリティコントロールするよりは、Airbnbがクオリティコントロールするほうがいいと思いますけどね。

キム　ただし京都のようなところだと、近所の住民が通報し合ったりするんですよね。別に大した迷惑もかかっていないのに。

竹中　**だからそういう場合には、裁判を起こせばいいんですよ。**

キム　つまり国はOKと言っているが、条例には違反して通報されたと。しかし条例自体がそもそも間違っているんじゃないかと訴えるわけですか。

竹中　先ほども言いましたが、自分の所有する部屋なんだから、現在の法律でも、一カ月以上なら人に貸してもいいわけです。**借地借家法に則って、借りる側も貸す側も責任を負うということになっている。それと同じ責任を、一日貸す場合にも適用す**

ればいいんですよ。

キム　つまり借地借家法を短期にすると。

竹中　それを特例として認めているのが、特区の民泊なんです。まことに正しいやり方でしょ。ところが**ヘナヘナな法律をわざわざ作って百八十日という上限を設け、しかも条例でさらに制限を加えようというわけ**です。これは政策としてすごく複雑ですよね。

キム　そうですよね。**既存の法律を柔軟に適用したほうが、ずっとクリアですね。**

3 第四次産業革命のチャンスを逃すな 十年後に最先端に立つビジョン

「対面」にこだわるアナログ文化がムダを生む

キム　農業にしてもシェアリングエコノミーにしてもそうですが、我々の社会って、本当に昔ながらのしがらみを捨てるのが下手ですよね。**こういう負の遺産が社会の生産性を押し下げている**ことは明らかです。先生も日々、そう感じていることと思

います が。

竹中　そうですね。しがらみと言えば、アナログ的、対面的なものを極端に高く信頼する傾向がありますよね。例えば政治家同士でたった一回食事をするだけでも、大変な意味を持つんです。その恩義と関係性をけっして忘れてはいけないというような、暗黙の掟がある。これはけっこうしんどいですよ。

あるいは日常でも、対面重視の制度はいろいろあるでしょ。**薬の販売など典型例で、必ず薬局に行き、手渡しで薬を受け取らなければいけない。でも今どき、対面にこだわる必要はないはず**です。どうしても薬剤師さんの説明が必要なら、電話でもインターネットでもできますよね。

キム　今、遠隔医療だってどんどん進んでいますからね。

竹中　あるいは役所への申請にしても、いちいち役所に行くのは面倒ですよね。最近はようやく確定申告の電子申告が定着してきましたが、少し前までは税務署に持っていって提出するのが決まりでした。

それから**最近は社会保険庁が定期的に調査を実施していて、対象者を年金事務所に呼び出すんです。**これもまったく意味がわからない。**なぜ、忙しい国民がいちいち出向き合わされなければならないのか。ちょっと国民をバカにしているよね。**

キム　本当にそう思います。**社会の生産性を低めている非常に大きな理由の一つが、このアナログな対面文化**ですよね。今や、インターネットによるSkypeなどの無料通話やテレビ電話を使えば、中東にいようがEUにいようが、あっという間に「擬似対面」で問題なく仕事ができます。そんな時代にいちいち役所まで顔を出せというのは、まったくムダでしかない。

もちろん、人間関係や信頼関係を育む必要があるときは、対面のほうが重要なことに反論はありません。

デジタル社会だからこそ、アナログな対面がより重要性を増していることも実感しています。ただ、事務的な説明や書類の提出に対面を義務付けるのは、非生産性の押し付けではないかと。いま銀行が大量に人員を減らそうとしているように、これらの業務は自動化、デジタル化されていくのが目に見えているにもかかわらず。時代遅れも甚だしい。

竹中 これ、ちょっと笑い話があるんです。こういう規制改革を推進しようという政府の会議があって、ある財界の方が委員長になったんです。その最初の会議のとき、委員長は大真面目にこう宣言した。「これは大事な会議だから、Skypeによる参加は認めない」。**規制改革の会議でSkypeを規制した**わけです（笑）。

キム これがまさに残念すぎる実態ですね（笑）。

政府こそ第四次産業革命の遂行者になるべき

竹中　まして今や、第四次産業革命の時代です。ＡＩ（人工知能）やＩｏＴ（モノのインターネット）、ロボット、ビッグデータといった分野で新しい技術が次々と誕生し、私たちのライフスタイルそのものを大きく変えようとしていますね。

そんな時代にあって、政府ができることは少なくない。新技術の活用に向けて民間部門を誘導することも一つですが、**もっと大きいのは政府自身が第四次産業革命の遂行者になることです。**これを三つ目の大きな規制改革として挙げましょう。早急に取り組むべきだと思います。

例えば、**不動産登記をすべてブロックチェーンに変えればいい。**もちろん法務省の内部で作るのではなく、きちんと外注して立派なシステムにする。これは技術の進歩に貢献できるし、不動産情報の一元化や不動産市場の効率化にもつながるでしょう。登録免許税（登記料）も、大幅に下げられます。

あるいは、**政府や役所による対面原則を撤廃するのもおもしろいと思います。そのために必要なＡＩでも通信技術でも積極的に導入しましょう**と。これも可能ですよね。

キム　おっしゃるとおり。政府が国民に向けて打ち出す政策というと、なんだかささやかなものが多いですよね。古くはスーツを半袖にしましょうとか、室内の温度を下げましょうとか上げましょうとか、きわめつけは金曜日に早く帰りましょうとか(笑)。

そんな小さなことを大々的に打ち出して、結局根付かずにひっそり終わるというのがいつものパターンです。

それなら、ブロックチェーンとか、電子取引とか、新しい技術を使ったものを打ち出したほうがよほど世のため人のためになる。これを望んでいる人は多いですよ。役所の対面型の面倒な手続きから解放されますからね。

インフォシスCEO・ニレカニのビジョンとインド政府の戦略

竹中　それについて言うとね、おもしろいのはマイナンバーカードです。政府は全国民が持つことを目指しているはずですが、二〇一七年時点で発行枚数はまだ一〇〇〇万枚程度。つまり一二人に一人くらいしか持っていないんです。

これはけっこう重要なカードなんです。**これから第四次産業革命やフィンテックが出てくると、最終的にもっとも重要なのは個人認証のインフラです。**「この人は本当にムーギー・キムである」ということを証明するものが必要でしょ。**その役割を果たすのがマイナンバーなんです。**ところが普及していないから、機能していません。

一方、実はインドでも同じくマイナンバーのようなものを発行しています。こちらは人口一二億人のうち、一一億人が指紋まで登録済みだそうです。

キム　それはどうやってやったんでしょう？

竹中　これが、ビジョンなんですよ。**十年後にこの分野で最先端に立つというビジョンを掲げて、インド政府が推進したんです。**その中心人物が、世界的なＩＴサービス企業インフォシスのＣＥＯだったナンダン・ニレカニという人物です。

もう十年以上前になりますが、アメリカのジャーナリストのトーマス・フリードマンが書いた『フラット化する世界』（日本経済新聞出版社）がベストセラーになりました。**デジタル化の進展によって世界はフラット化し、例えばインドのバンガロールにいてもウォールストリートにいても、働く条件などは同じになると説いた**本です。**そういう概念を最初に提唱したのがニレカニ**なんです。

彼がすごいのは、民間企業のトップでありながら、**前のシン政権の時代から政府に働きかけて自らマイナンバー制度を主導したことです。国家機関としてマイナンバーを担当する庁を設立させ、インフォシスのＣＥＯを退任して同庁の初代総裁に就任したん**です。

日本でいえば孫正義さんが初代長官になるようなものですよ。今はまたインフォシスのＣＥＯに復帰していますが。

キム　すごいパッションですね。受け入れるインド政府も非常に戦略的ですが。

竹中　そうなんです。それで彼は徹底的に制度設計をやった。だからこれだけ一気に普及したんです。

キム　もうガンジーの次ぐらいの偉人じゃないですか？

竹中　日本も偉いのは、二〇一七年に日本経済新聞が彼を日経アジア賞で表彰したんですよ。彼はダボス会議の理事でもあったので、私も以前から面識があります。それで来日した際に会ったんだけど、そのときの話がおもしろくてね。

うまくいった背景には、追い風も吹いていたんです。**もともとインドは腐敗がひどかったので、高額紙幣を廃止しましたね。それによって起きたのが、徹底的なキャッシュレスです。**例えば五〇〇万円を支払うとき、五万枚の百円玉というわけにはいかないですよね。

そうすると電子マネーで払うしかない。**そこでマイナンバーの需要が急速に高まったわけです。**今では露店でさえ、「キャッシュは使えません」というところが結構あります。

キム　アジアの国はキャッシュレスが進んでいますよね。中国では今、ホームレスも電子マネーで受け取っているとか。

竹中　そうそう。北京大学のある先生がホームレスに寄付しようとしたら、「ＷｅＣｈａｔ（中国で普及する携帯アプリ）で払ってくれ」って言われたらしい（笑）。

キム　ところが不思議なことに、日本ではまだキャッシュが主流です。こんな国はアジアにないですね。

竹中　**日本のＧＤＰに対するキャッシュ総額の比率は、二十年ほど前でたしか八パーセント程度だったんです。それが今では二〇パーセントになっている。**むしろ増えているわけです。

キム　これはキャッシュを持つメリットが大きくなっているからでしょうか。

竹中　そう。ＧＤＰそのものが増えていない上に、ゼロ金利・マイナス金利ならキャッシュで持っていたほうがいいと考える人が多いのでしょう。ただし、北欧のような低金利の国でも、キャッシュの比率は下がっています。日本はちょっと異常なんですよね。

キム　なぜでしょう。高齢化率と連動しているかもしれませんね。電子マネーの使い方がわからないとか。

竹中　あるかもしれない。それと、お金の使い道がばれたくない人もいる（笑）。

日本のマイナンバー制度は司令塔も責任者も不在

キム　さて、マイナンバーも日本では浸透する気配がありません。女性の活躍に向けてとか、東京五輪に向けてといった省庁はいろいろできていますが、マイナンバー庁みたいなものを作る気配はないですね。

竹中　それはやはり、**政府に第四次産業革命の遂行者になるという覚悟が足りないから**でしょう。まず、マイナンバーの法律を作って出したのは内閣府です。また、マイナンバーカードを発行するのは総務省。そして税金に紐付けて利用しているのが財務省なんです。つまり、**省庁がバラバラなので、誰も責任を負わない。ガバナンスがない**んですよ。

キム　インテグレート（統合）されていないから、最終責任を負う人がいないと。

竹中　いずれの省も、逃げているんです。個人情報の問題もあって、漏洩などすると刑事罰にもなりかねない。そんな面倒なもの、誰も扱いたくない。**むしろ使わせないような制度になっている**わけです。

キム　「私が担当しているのはこの一部だけだから、私だけに文句を言われても困る」ということですか？

竹中　そうそう。皆、逃げられるようになっている。

それに国民の理解も足りない。**メディアに洗脳されて「国が個人を番号で管理しようとしている」なんて言う人もいます**ね。まるで戦時中の軍による統制みたいなイメージで語られることもある。まったく想像力がたくましいというか、的外れな議論でしかありませんね。

あくまでも個人認証のためのインフラなので、例えば個人が銀行口座を開設したり

する際に必要となるものなんです。国が個人を番号で管理して、一体どうするんだと。そういう根本的な部分が理解されないかぎり、残念ながら本格的な普及はまだまだ先でしょうね。

ネット選挙の解禁で選挙の生産性が上がる

竹中　日本には、マイナンバーどころか、すでに十分インフラになっているはずのネットに対してさえ、まだ異常な嫌悪というものがありますよね。これも感覚として古いと思う。だから、例えばネット選挙も実現していないんです。**選挙の投票率を年代別に見ると、高齢層ほど高くなるでしょ。ところがＩＴリテラシーを見ると、今度は高齢層ほど低くなる。完全な逆相関になっている**わけです。それを解消する一番いい方法は、ネット選挙をすることですよね。

キム　ネット選挙は、海外ではすでに行なわれていますよね。私のシンガポールの友達も、エストニアをはじめとしたいくつかの国でネット選挙のインフラ整備に携わっているんですが、あれはすごくよくできています。天候に関係なく、電子的にパッと投票できますからね。

竹中　しかも、コストも俄然安くなる。

キム　だいたい今の日本の選挙って、いきなり二週間だけお祭り騒ぎをして、候補者は名前を連呼するだけで、さあ決めなさいと有権者に委ねるわけですよね。これでは、まともな選択などできるはずがありません。

だから、**それぞれの候補者が過去にどんな政策を推進し、何を訴えているのかが一元的に見られるようなシステムがあればいい**ですよね。この程度なら、ネットで簡単にできると思います。**その場で投票までできれば、さらにいい。**これがネット投票のインフラというものでしょう。

竹中　さらに、**そこで選挙資金集めもできるといいですね。すべての政治資金はネットを経由することというルールにしたら、もうごまかすこともできなくなります。**

キム　ネット投票に反対する人というのは、どんな理由があるんでしょうね。高齢だから今までのやり方を変えたくないのか、政治活動などを透明化されると困るから か、それとも投票率が上がると困るからか。

竹中　要するに、リテラシーが低いからですよ、広い意味でね。リテラシーが低い人たちが、ネットを阻止しているわけでしょ。

「リープフロッグ」を可能にする、多様なイノベーション概念——現状を過大評価してはいけない

竹中　そしてもう一つ、**日本がなかなか変化できない要因として、今まで築いたものに対する評価が高すぎることが挙げられる**と思います。「これが伝統なんだ」「昔な

がらの制度が一番いいんだ」という具合に。

もちろん、いい面もあるでしょう。何もかも変化すればいいというものではない。しかし、過大に評価して守ろうとするあまり、発展が阻害されている面も強いと思いますね。

例えば**「リープフロッグ」**という言葉があります。**直訳すれば「飛び跳ねるカエル」。技術やサービスが一気に普及することを指します。**

キム　実際に新興国では起きていますよね。

竹中　そう。例えば先日、私は南アフリカのヨハネスブルクに行ってきたんです。この国の失業率は二六パーセントで格差が非常に大きい。ヨハネスブルクも世界の三大危険都市の一つのように言われていたんですが、まったくそんなことはありませんでした。しかし平均的な所得がそれほど高くないことは間違いありません。ところが今、国民の七～八割はスマホを持っているんです。それもある時期から、急速に普及したらしい。きっかけは何だったと思いますか？

キム　さすがのグローバルエリートも、まったく思いつきません（笑）。

竹中　私も聞かれて答えられなかったのですが、実はこれ、**プリペイドカードがきっかけだったそうです。**

私たちの感覚では、スマホは長期契約して使うものですよね。しかし彼らには、契約の概念がない。毎月一定額を支払うのもキツい。そこに入ってきたのがプリペイドカードです。これなら、手元にお金があるときにさっと買って、遠く離れて暮らす家族と連絡をとることができる。その便利さが受けて、誰もがスマホを持つようになったわけです。

私たちにとっては何でもない技術が、他の国や地域ですごく役立つということはよくあるんです。これを「フルーガル（安上がりの）イノベーション」といいます。見方を変えれば、自分の常識を世界の常識と思ってはいけないということです。

特にフルーガルイノベーションに対して、日本はあまりに無頓着です。通常「イノベーション」というと、最先端の技術にばかり目を向けがちです。たしかにそれも重要ですが、それ以外の既存の技術でも、イノベーションを起こせる可能性は無数にあるわけです。

それは日本の中小企業にとって、チャンスの芽が無数にあることを意味すると思うんです。

キム　なるほど。最先端を追いかけるばかりがイノベーションではない。**手持ちの技術が、使い道や使う場所を変えることで大化けするかもしれない**わけですね。

竹中　ついでに言うと、ヨハネスブルクでもう一つおもしろい話を聞いたんです。「**リバース（逆）イノベーション**」という言葉があって、いわば逆輸入の話です。

例えば私たちが人間ドックに入ると、身体のあらゆる部分が検査されますよね。しかし**新興国の人々にとっては、そう簡単に高額の人間ドックに入れるものではない。でも健康状態はチェックしたいから、例えば血糖値だけ測りたいというニーズはあるわけです。**そこで、あるメーカーが血糖値だけを測れるキットを売り出したところ、おおいに売れたらしい。そこでメーカーは、そのキットを先進国に輸出した。これがまたよく売れたそうなんです。

たしかに先進国で人間ドックを受けるといっても、せいぜい半年に一回とか一年に一回ですよね。しかし血糖値だけなら、毎月測りたいという人もいる。そういうニーズに、リバースイノベーションがマッチしたわけです。

キム　たしか家電でも、日本企業が東南アジア向けに開発したものを、日本に逆輸入するケースがありましたね。イノベーションにもいろいろな形態があるということでしょう。

日本発のものを海外に持っていくだけでも、イノベーションのきっかけになり得る。**世界に目を向ければ、「リープフロッグ」の機会に満ち溢れている**ようです。

竹中　だから日本の若者にとっては、すごくチャンスのある時代だと思いますよ。可能性を求めて、どんどん世界へ出て行けばいいんです。

章末ミニ放談

フランスも規制であふれている

日本もフランスも、実質的には社会主義国家？

キム　さて先生、いよいよ最後の章末ミニ放談です。日本も規制だらけですが、ルールが古いのはフランスも同じです。私の出身校であるインシアードはもともとフランス発祥なんですが、フランス人の同級生でフランスに戻る人はいません。ほとんどみんな、ロンドンやルクセンブルク、シンガポール等に行くんです。

たとえばシンガポールや香港の金融機関に行くと、フランス人がたくさんいる。それは彼らが本国に戻って働くという道を選ばないからですよ。

竹中　それは金融業界だから？

キム　金融のみならず、いろんな多国籍企業や、スタートアップでもそうですね。フランス人はもともと起業家精神の高い人が多いのですが、フランスで起業する人はほとんどいないんです。

竹中　フランスの最大の問題は、実質的に社会主義国ということでしょう？

キム　主な問題が、三つあります。

一つは税金がすごく高いこと。そしてもう一つは、手続きにものすごく時間がかかることです。例えばシンガポールなら、空港に着いた途端から携帯電話でも何でも使えます。ところがフランスの場合、まず携帯電話の契約が終わるまでに何カ月もかかって、さらに銀行口座を開くにも何カ月もかかる。すべて整う頃にはもうフランスでの留学プログラムが終わっていたりするんです。

そして極めつけは、解雇条件の厳しさ。**労働者の権利が強すぎて、解雇できないのでフランスで人を雇いたくない、という企業がとても多いんです。**

例えば、おもしろいのがフランスにある「ユーロディズニー」の事例。私、実は二〇一八年に、二年かけて世界中のディズニーランドを回ってディズニーの戦略を調査した『ディズニーレッスン』（仮題・三五館シンシャ）という本を出すんです。

驚いたのは、世界中のディズニーランドの中で、フランスのユーロディズニーだけ圧倒的に損を出しているんです。確かに行ってみるとサービスも悪いし、極めつけがディズニーのキャストまでストライキしているところ。**フランスは、夢の国でも労働者のストライキが起こるくらい社会主義的な国**なんです。

やはり、いいサービスをしなくても解雇されないという環境だと、モラルハザードはどうしても起きてしまいますよね。

竹中　**フランスは日本と同じく規制だらけの国で、政府の規模がすごく大きいですからね。**今や北欧並みに大きな政府になっている。

ただし、世界企業が欧州本社をどこに置くかといえば、やはり多くはパリですよね。まず人口が多いし、大陸にあるから。

ロンドンはユーロにも入っていないし、今度はEUからも離脱する。それにドイツは都市が分散しているから、一つの街の人口がさほど大きくない。そう考えると、パリが一番人気になりますよね。

キム　パリもそのへんは自覚していて、今は一生懸命にがんばっていますよ。「なぜわが国にはスタートアップが育たないんだ」ということで、例えばロンドンとサンフランシスコにあるようなスタートアップのエコシステムを作ろうとしたりしています。

私のところにも、オフィスを作らないかという誘いがあったりしますからね。シンガポールにしてもフランスにしても、中東のUAEでも、様々な国でスタートアップエコシステムを創るのに躍起になっています。そこで私もインシアードの世界中の卒業生のスタートアップに投資するプラットフォームを作ったのです。

世界中の起業家のプレゼンビデオを全部ネットで見られるようにしているので、あとで先生にリンク送ります。おもしろいですよ、三カ月に一回くらい、世界中からいろんな起業のプレゼンや、投資案件が集結するようになっているので。

竹中　ほーう、大したもんですねぇ。でも、それインシアードだけでやってるんですか？

キム　今後、インシアードの提携先のケロッグやウォートン、中国の清華大学等の起業家にも広げるべく、いろんなところと話をしています。

先ほど「世界に目を向ければ、リープフロッグの機会に満ちている」という話がありましたが、**日本など先進国の余りまくった高齢富裕層のお金で、世界中の優秀な起業家の挑戦を支援する投資ができれば、どれほどおもしろいだろうか**と思うのです。

墓石を買うより、戒名代を払うより、世界の起業家に投資しませんか、と。私は、トゥームストーン・インベストメント（墓石投資）と呼んでいるのですが（笑）。

竹中　おもしろい試みですね（笑）。あとで本当に、リンク送っておいてください。

キム　もちろんです、先生。

さて、学びに満ちた楽しかった対談の時間もそろそろお開きです。

本書の目的であった、**時代遅れの規制や既得権益構造を一気に明らかにし、炎上を恐れず本音で書き綴り、そして自由な生き方と生産性の高い社会に向けたリープフロッグをするための、貴重な教訓の数々をいただきました。**

多くの読者の方々にとって、政治家の発言やメディア報道がいかに既得権益を守るためにバイアスがかかっているのかを深く理解する、良い契機となったと思います。

とはいえ、もちろん勉強熱心な志高い議員も、優秀で公僕としての意識が高い官僚も、民主主義の番人として使命感に燃えるメディアの方も、日本の農業を愛してがんばる農協の方も、患者さんのためを思って治療や研究に励む医師会の方がたくさんいることも、重々承知しています。

あくまでも、どんな職業にも「改革派」と「既得権益守旧派」がいて、本書は改革派を応援し、守旧派が死守する恥ずかしい既得権益構造を一気にバラしてしまっているのだ、という点を最後に強調しておきたいと思います。

社会の時代遅れなルールにしばられず、炎上覚悟で我が道を行く改革派の読者の皆さんを、少しでも後押しすることができていたら、本望です。

本書では、いろいろな問題について学びましたが、私は逆に勇気づけられました。これだけ**成長を阻害する時代遅れの規制がたくさんあるのに、それでもこれほど豊かでサービスクオリティの高い日本は、やはり凄いなぁ、と。**成長を阻害する規制の数々、既得権益の数々を取り除くことで、日本にはどれほど明るい未来が待っているだろうかと。

それでは先生、ありがとうございました。この本の売り上げがリープフロッグしたら、ぜひまた対談本を出させてください。

竹中　いやいや、こちらも楽しかったです。キムさんと対談して、キムさんの本がベストセラーになる理由がよくわかりました。ありがとうございました。

ただ、この本も炎上するんだろうね（笑）。

第6章まとめ

時代遅れ㉞ **株式会社の参入や農地の自由売買の禁止など、規制尽くしの農業**

⬅ **生産性を高める法則㉞** **資本や企業のノウハウを入れ、新規参入を促して農業を成長産業に**

今や農業はグローバル競争の時代。戦後の農地改革の時代と異なり、農協ではなく、企業や個人の新規参入が日本の農地を守る。

時代遅れ㉟ **UberやAirbnbなど、シェアリングエコノミーへの規制が強すぎる**

⬅ **生産性を高める法則㉟** **地方首長は覚悟を決め、規制を緩和せよ**

タクシー業界や、京都などの特定の地方自治体は、既得権益保護でシェアリングエコノミーによるビジネスチャンスの芽を摘んでいる。経済特区も規制緩和も、地方首長の決意次第。

時代遅れ㊱　デジタル技術革新を無視したアナログな対面文化

⬅生産性を高める法則㊱　まずは行政が第四次産業革命の遂行者を目指すべき

ブロックチェーンや電子取引、ネット選挙などを政府が率先して導入することで、第四次産業革命への弾みとなる。

時代遅れ㊲　現状を過大評価して満足

⬅生産性を高める法則㊲　今持っている技術の使い方や使う場所を変えるだけでも、大きなイノベーションは起こせる

フルーガル（安上がりの）イノベーションやリバース（逆）イノベーションなど、イノベーションの種類は多様。世界に目を向け、リープフロッグ級の躍進を目指そう。

時代遅れ㊳　時代遅れな既存秩序をあきらめて受け入れ、我慢

⬅生産性を高める法則㊳　外野の炎上を恐れず、信念をもって自由に生きる

政・財・官・メディアの様々な既得権益を理解し、時代遅れの規制や思いこみにしばられず、自由に生きよう。

章末ミニ放談

フランスも規制であふれている――日本もフランスも、実質的には社会主義国家？

フランスも日本も、時代遅れの規制が多く、政府の規模が大きい社会主義的な国家。様々な既得権益を守る規制を取りのぞくだけで、日本には大きな成長機会と明るい未来が待っている。

おわりに

長年大学で教鞭をとりつつ、経済政策の提言などを行なってきた。その過程で、特に嬉しいことが二つあることに気づいた。

一つは、自分が信じていた政策が実現され、それが着実に効果を挙げているのを見ることだ。例えばバブル崩壊後日本経済を悩ませて来た、銀行の不良債権問題について、小泉純一郎総理という素晴らしいリーダーの下でそれを実践し、経済の安定を取り戻すことができた。

嬉しいことのもう一つは、大学で私の研究会に所属し、一緒に議論した若い人たちが、社会の中で大活躍している姿を見ることだ。

日本の政策形成を担う官僚、世界的に活躍する社会起業家、ジャーナリズムを変革しつつある編集者、様々な分野のベンチャリスト、コンセプト・リーダーとして活躍する研究者……彼らの活躍を見ることは、まさに教育者冥利につきる。

そんななかで、ひときわ目立った活躍をしているのが、今回の対談のお相手、ムーギー・キム氏だ。世界の金融分野で活躍しつつ、その経験を踏まえてグローバルリーダーに関するコラムを大ヒットさせた。

その後も、教育や働き方などについて執筆した彼の本は、いずれもベストセラーになっている。今回、キム氏との対談の機会を得て、あらためて私自身いろんなことを教えてもらった気がする。本書を通して読者の皆さんには、**一見堅苦しい「生産性」という言葉を「自分自身の人生をいかに豊かで楽しいものにするか」という話に、結びつけていただきたい**と思う。

さて私自身は、せっかくキム氏と対談するのだから、キム氏の本がなぜベストセラーになるのか、その分析をしたいと考えながら、対談に臨んだ。対談を通して得た結論は、次の三点である。

第一に、キム氏の話は、すべてストレートでありながらどこか茶目っ気に溢れている。このスタイルは何かに似ていると考えてきたのだが、私なりに理解できた。これは、**「関西のオバチャン」のスタイル**なのだ。私もキム氏も関西人だからよくわかる。「アンタ、しょうもないこと言うてんと、さっさと仕事しー。そやないとビッグになれんでー」。

まあ、彼の言い方はそんな感じなのだ。正面から批判しながら、それをどこかおもしろおかしく表現する能力を持っている。これは、類希《たぐいまれ》なコミュニケーション能力を意味している。

第二にキム氏は、徹底した戦略家としての能力を持っている。**まるで、「ワシントンD.C.の策士」だ。**これはまさに、金融の仕事を通じて、またインシアード大学院などへの留学を通して得られたものだと思う。

特に彼は、銀行、投資銀行、各種ファンドといった様々な金融形態を経験し、しかも日本、香港、韓国、シンガポールなど異なる土地で仕事をしてきた。

戦略家は一つのことだけ考えていては務まらない。**一つのことが変化すれば、それは他の要因をも変える。要するに、社会は複雑な連立方程式なのだ。**これを読み解く力は、多角的な仕事を通じてはじめて得られるものなのだろう。

第三に、すさまじい馬力でモノごとを実行に移す力を持っていること。何でもかんでもとにかく答えを出すという意味で、これはさながら**田中角栄的な「昭和のブルドーザー」**を想像すればよい。

実行に移すには、第一歩を踏み出す勇気と、それを続ける根気が求められる。行動の結果として様々な摩擦を生むこともあるだろうが、そこは関西のおばちゃん的茶目っ気が救ってくれるのかもしれない。

いずれにしても**キム氏は、「関西のオバチャン」、「ワシントンD.C.の策士」、そし**

て「昭和のブルドーザー」のような能力を兼ね備えている。

だからこそ、グローバルリーダーを語れるし、最強の教育法を語れるのだろう。そして**このような資質を目指して努力すれば、きっと生産性を上げることなど決して難しいことではない**……これが、今回の対談を通して私自身が学んだことだ。

読者の皆様に共有していただくことができれば、このうえなく嬉しいことだ。

最後になったが、この本の執筆に当たっては、ＰＨＰ研究所の中澤直樹氏、大岩央氏、ライターの島田栄昭氏のご助力を得た。深く感謝申し上げたい。

竹中平蔵

編集協力
島田 栄昭

装丁
西垂水 敦（krran）

イラスト
岸 潤一

写真
Shu Tokonami

〈著者略歴〉

竹中　平蔵　Heizo Takenaka

1951年、和歌山県生まれ。慶應義塾大学名誉教授、東洋大学教授。博士（経済学）。一橋大学経済学部卒業後、73年日本開発銀行入行、81年に退職後、ハーバード大学客員准教授、慶應義塾大学総合政策学部教授などを務める。2001年、小泉内閣の経済財政政策担当大臣就任を皮切りに金融担当大臣、郵政民営化担当大臣、総務大臣などを歴任。04年参議院議員に当選。06年9月、参議院議員を辞職し政界を引退。ほか公益社団法人日本経済研究センター研究顧問、アカデミーヒルズ理事長、㈱パソナグループ取締役会長、オリックス㈱社外取締役、ＳＢＩホールディングス㈱社外取締役などを兼職。著書に『大変化　経済学が教える二〇二〇年の日本と世界』『第四次産業革命！　日本経済をこう変える。』（ともにＰＨＰ研究所）など多数。

ムーギー・キム　Moogwi Kim

慶應義塾大学総合政策学部卒業。INSEADにてMBA（経営学修士）を取得。卒業後、外資系金融機関の投資銀行部門、外資系コンサルティングファーム、外資資産運用会社での投資アナリストを歴任した後、香港に移り、アジア一帯のプライベートエクイティファンド投資に従事。フランス、シンガポール、中国での留学を経て、大手バイアウトファンドに勤務。現在はシンガポールを拠点に、世界中のベンチャー企業の投資・支援を行なっている。英語・中国語・韓国語・日本語を操る。日本で最も影響力のあるベストセラー・ビジネス作家としても知られ、著書『世界中のエリートの働き方を1冊にまとめてみた』『最強の働き方』（ともに東洋経済新報社）、『一流の育て方』（ダイヤモンド社）はすべてベストセラーとなり、6カ国語で展開、50万部を突破している。日本最大級のビジネスオンラインメディア、東洋経済オンラインでの人気連載は、合計8000万PVを獲得するなど、圧倒的な人気を誇り、国内でもメディア、企業向けに多数の講演をこなしている。

［公式ＨＰ］　www.moogwi.com

公式HPでは、組織の生産性を高めることに成功した事例を募集しています。
また、生産性の低すぎる組織を表彰する「生産性ブービー賞」へのエントリーを募集しています。

最強の生産性革命
時代遅れのルールにしばられない38の教訓

2018年１月18日　第１版第１刷発行

著　者　竹中平蔵
　　　　ムーギー・キム
発行者　後藤淳一
発行所　株式会社ＰＨＰ研究所
東京本部 〒135-8137 江東区豊洲5-6-52
第一制作部 ☎03-3520-9615（編集）
普及部 ☎03-3520-9630（販売）
京都本部 〒601-8411 京都市南区西九条北ノ内町11
PHP INTERFACE https://www.php.co.jp/
組　版　朝日メディアインターナショナル株式会社
印刷所　大日本印刷株式会社
製本所　株式会社大進堂

ISBN978-4-569-83742-0

“本書は、カバー裏まで裏話がぎっしり詰まっています。
くれぐれも、このカバー裏の秘密は、竹中先生以外、絶対に読まないでください”

——ムーギー・キム